Y bobl, y busnes – a byw breuddwyd

CADW'R BYD I DROI

Cledwyn Evans

Argraffiad cyntaf: 2011

Rhif rhyngwladol: 978-1-84527-335-4

Mae'r cyhoeddwr yn cydnabod cefnogaeth ariannol
Cyngor Llyfrau Cymru

Cynllun clawr: Sion Ilar

Cyhoeddwyd gan Wasg Carreg Gwalch,
12 Iard yr Orsaf, Llanrwst, Conwy, LL26 0EH.
Ffôn: 01492 642031 Ffacs: 01492 641502
e-bost: llyfrau@carreg-gwalch.com
lle ar y we: www.carreg-gwalch.com

Cadw'r Byd i Droi

Cledwyn Evans

CWMNI CAMBRIAN TYRES
ABERYSTWYTH

Golygydd:
Lyn Ebenezer

Er fy mod i wedi ymddeol, mae'n anodd cadw draw.

Cyflwynedig i
Fois y Motor-beics

Sgwrs gyda golygydd y gyfrol ynghanol trugareddau'r garej.

Lleoliad 'Teiers Cledwyn' erbyn heddiw

Gair i gyflwyno

Mae Cledwyn Evans yn un o'r bobl ffodus hynny sydd wedi llwyddo i gyfuno busnes a phleser. Yn blentyn, ac yna'n llanc, bu unrhyw beth a redai ar olwynion o ddiddordeb iddo. Yna cychwynnodd fusnes a drodd yn asiantaeth gwerthu teiers mwyaf gwledydd Prydain.

Mae stori Cledwyn Evans yn llawer mwy na hanes dyn busnes llwyddiannus. Mae hi'n bennod gymdeithasol o hanes cefn gwlad Sir Aberteifi o'r tridegau ymlaen. Mae hi'n bennod sy'n olrhain hanes teulu nodedig, sef Teulu Esgair-hendy o lethrau'r Mynydd Bach, nifer ohonynt wedi bod yn llwyddiannus mewn busnes. Mae ei ddau ewythr, Fred a Sam yn arbennig, yn para'n chwedlau yn y sir.

Mae stori Cledwyn hefyd yn adrodd llwyddiant dyn cyffredin a adawodd yr ysgol yn bymtheg oed, ac a sylweddolodd fod yna fusnes mewn pethau mor ddiramant â theiers beics, motor-beics a cheir. Daeth ei enw'n gyfystyr â'r farchnad deiers, ac er mai fel Teiers Cambrian y caiff y busnes ei adnabod yn swyddogol, cyfeirir ato ar lafar gwlad ledled Sir Aberteifi – a Chymru – fel Teiers Cledwyn.

Ar ôl deugain mlynedd, penderfynodd Cledwyn yn ddiweddar roi'r ffidil yn y to a throsglwyddo'r busnes i'w ddau fab, sydd wedi bod yn rhan ohoni o'u llencyndod. Ac mae'r olyniaeth yn parhau gyda merch un o'r meibion bellach wrth y llyw fel rheolwraig.

Yr hyn a danlinellir yn hanes Teiers Cambrian yw nad oes raid i fusnes fod yn rhywbeth oeraidd a dienaid. I Cledwyn mae yna le pwysig o hyd i'r hen draddodiad cymdeithasol o drafod busnes gyda phinsied go dda o hiwmor. Llwyddodd i droi ei le busnes yn fan galw, yn nhraddodiad siop y pentref, gweithdy'r saer neu efail y gof, mannau cyffredin iddo adeg ei blentyndod cefn gwlad. Dros y blynyddoedd bu'n gymwynaswr mawr hefyd, gyda'r busnes yn cyfrannu'n hael at achosion da drwy noddi gwei-

Canol y byd pan oeddwn i'n blentyn – Sgwâr Tyncelyn, 'a phedair ffordd yn mynd o'r fan.'

Llethrau unig y Mynydd Bach ger Blaenpennal.

thgareddau'n amrywio o bêl-droed i'r noson lawen.

Mae'r gyfrol hon yn y gyfres Syniad Da felly ddim yn unig yn cau'r cloriau ar gyfnod o ddeugain mlynedd, ond hefyd yn agor cyfrol newydd mewn hanes busnes rhyfeddol sy'n dal i gadw'r byd i droi.

Lyn Ebenezer
Gwanwyn 2011

Dihangfa gyfyng

Ar hyd fy mywyd mae peiriannau wedi bod yn bleser ac yn fusnes i fi, yn hobi ac yn waith. Ond peiriant hefyd ddaeth agosaf at fy lladd. Adeg yr Ail Ryfel Byd oedd hi. Roedd ganddon ni dri faciwî yn cael lloches ar y pryd ar y fferm. Un dydd roedden ni fel teulu, ynghyd â'r tri faciwî wrthi'n pwlpio maip, neu fangls i ni yn Sir Aberteifi, gwaith digon cyffredin yn y dyddiau hynny. Byddai maip yn rhan o fwyd y creaduriaid.

Roedd un o'r faciwîs yn taflu maip i'r bocs, a finne'n eu gwthio nhw mewn i'r pwlpiwr. Fe lithrodd y belt, a dyma ewythr i fi, Ernest yn gweiddi arna'i i wthio'r belt yn ôl i'w lle. Fe wnes i geisio ymestyn dros y bocs i wneud hynny, ond fe gydiodd y belt yn fy nghôt gan fy nhynnu i mewn. Fe ges i fy nghario o gwmpas gan y pwlis. Fe rwygwyd fy nillad i bant ond fe lwyddwyd i fy nhynnu i allan heb fawr o niwed. Roedd hi'n ddihangfa wyrthiol. Doedd dim marc ar fy

Fy ysgol gyntaf – Castell Fflemish, wedi hen gau.

nghorff i. Yr unig anaf o bwys fu i un o'm coesau gael ei throi'n o ddrwg. Yn wir, fe fu hi ar dro byth wedyn.

Beth bynnag, dyma Doctor Worthington yn cael ei alw, a finne'n cael fy rhuthro i Ysbyty Aberystwyth gan Dan y Gof. Rwy'n cofio nawr mai *Austin 7* oedd y car, a finne'n gorwedd yn y sedd ôl. Er i fi ddod allan o'r peiriant yn gymharol ddianaf, fe fues i yn yr ysbyty am tua chwe wythnos. Pan glywodd Mam fy mod i wedi cael fy rhuthro i'r ysbyty, mae'n debyg iddi weiddi ar y cymdogion, nad oedd yn siarad Cymraeg, 'Cledwyn's half dead, half alive!' Roedd yr 'half alive', diolch byth, yn gryfach na'r 'half dead'.

Ganwyd fi yn Esgair-hendy, Blaenpennal yn unig blentyn, lle ces i fy nghodi gan fy nhad-cu a'm mam-gu. Bachan o ardal Trisant oedd Mathew, fy nhad-cu a symudodd lawr i Esgair-hendy. Roedd Mam-gu, Edith yn aelod o deulu o ffermwyr o ardal Llanfihangel-y-creuddyn. Yno, yn Abertrinant, rwy'n credu, y cafodd hi ei geni.

Roedden ni'n deulu mawr ar aelwyd Esgair-hendy heb sôn am y faciwîs a ddaeth aton ni. Yn wir, fe ddaeth nifer sylweddol ohonyn nhw i'r fro ac fe arhosodd rhai ar ôl yn yr ardal wedi'r Rhyfel. Un criw o blant a wnaeth ddewis aros

Ysgol Llanfihangel-y-creuddyn, fy ail ysgol, lle cefais sawl crasfa.

oedd teulu Dolphin o ardal Lerpwl, Tom a Henry yn eu plith, a oedd yn lletya ym Mhont-ar-Gamddwr. Wedi'r Rhyfel fe ymunodd eu mam â nhw. Ewythr i fi, Sam wnaeth rentu cartref iddyn nhw yn Rhyd-y-gelli, heb fod ymhell o Esgair-hendy.

Ardal wasgaredig o gwmpas pentref bach ym mhen uchaf dyffryn afon Aeron yw Blaenpennal. Mae hi rhwng Cors Caron a'r Mynydd Bach. Dyma ardal y beirdd B. T. Hopkins a Kitchener Davies. Mae llawer o hen enwau ffermydd wedi aros, Esgair-hendy yn eu plith. Yno hefyd ceir Bryn-croiau a Bryn-ffin, Esgair Saeson a Llwyn Bwch, Mynydd-brith a Than-yr-esgair, Triael a Thai-hirion-rhos, ond bod 'rhos' wedi mynd ar goll erbyn heddiw.

Mae'n debyg fod nifer o'r ardal wedi ymfudo i America yn 1847 ar y llong *Tamerlane*, yn eu plith roedd 75 o ffermwyr, 65 labrwr, 13 o seiri, chwe gof, pump o hetwyr a deg o fwynwyr.

Mae'r ardal wedi newid llawer. Caeodd yr ysgol a'r Gymdeithas Gydweithredol ym Mlaenafon, neu'r Bontnewydd fel y caiff yr ardal ei galw heddiw. Roedd gan y fenter deitl urddasol iawn, *Blaenpennal and District Co-operative Society*. Mae'r ardal wedi newid yn llwyr. Yn ddiweddar agorodd Pentre Bach, wedi ei seilio ar un o

Fy nhrydedd ysgol yn Y Gors, y tu ôl i'r capel. Roedd hon yn ysgol hapus.

Pentre Bach, un o atyniadau Blaenpennal.

raglenni plant S4C. Yno mae Tŷ Sali Mali, Siop Sioni Bric a Moni, Siop Parry Popeth, Gwesty Pili Pala a'r Tŷ Golchi. Mae e'n lle poblogaidd iawn, gydag ymwelwyr yn dod o bell ac agos.

Mae Pentre Bach yn sefyll ar hen safle cartref Dan y Gof, a'r brodyr Bryn a Tysul Ebenezer. Ar lofft un o'r tai allan y bydden ni, yn blant, yn cael te ar ddiwrnod y chwaraeon blynyddol yn y cae cyfagos. Roedd hwnnw'n ddiwrnod mawr.

Un peth rwy'n ei gofio pan own i'n blentyn oedd mor wag oedd y ffyrdd o'u cymharu â heddiw. Roedd yna lawer mwy o feics nag o geir ar y ffordd. A llawer mwy o gerddwyr nag o feicwyr. Bob amser o'r dydd fe fydde yna rywun yn cerdded y ffordd. Roedd amryw ohonyn nhw'n gardotwyr, yn enwedig wedi'r Rhyfel. Ond roedd yna ddau yn arbennig a oedd yn wahanol.

Un ohonyn nhw oedd Dafydd Jones o Fwlch-llan a fyddai'n gwthio cart i bob man. Fe'i ganwyd e, mae'n debyg yn y Tyle, Nantcwnlle a symudodd wedyn i Mount Pleasant gerllaw. Fe fuodd e'n gweithio yn siop ddillad yn Llambed, a oedd yn cael ei galw'n Siop Sam cyn mynd i weithio i siop Lewis Lewis yn Abertawe ac yna i siop yn Islington yn Llunden.

Yn sydyn fe adawodd ac fe ddaeth nôl i Sir Aberteifi i grwydro'r ffyrdd gyda'i gart. Mae'n debyg i'w gart gael ei llunio gan Lewis Evans, saer ac adeiladwr o Dregaron. Edrychai'r gert, medde rhywun, fel seidbord ar ddwy olwyn. Pan fu farw ei fam, mae'n debyg nad aeth e i'r angladd, dim ond gwylio'r cyfan o'r tu ôl i'r berth. Roedd rhai'n credu iddo droi'n grwydryn wedi i ferch ei siomi. Cadwai ei wallt a'i farf yn hir. Yn wir, câi ei adnabod gan lawer fel Dafydd Gwallt Hir. Roedd e'n ecsentrig iawn. Tueddai i alw yn yr un cartrefi ar ei deithiau lle cai fara menyn, caws a the. Byddai'n dueddol o alw yn yr un mannau bob tua chwe wythnos. Ond

Dafydd Jones o Fwlch-y-llan gyda'i gert enwog.

wnâi e ddim derbyn bwyd heb weld y bwyd hwnnw'n cael ei baratoi. Roedd ganddo fe ryw syniad fod rhywun neu rywrai am ei wenwyno, neu osod gwydr wedi'i falu yn ei frechdanau. Ni wnâi fyth ddod i'r gegin i fwyta. Safai yn y pasej neu yn un o'r tai allan.

Cysgai mewn sguboriau neu mewn llofftydd stabal, ac roedd ei gart yn llawn llyfrau, papurau newydd a photeleidiau o ddŵr wedi'i gymryd o wahanol ffynhonnau ar y daith. Fe wyddai am leoliad pob ffynnon. Roedd wrth ei fodd yn cael tynnu ei lun, a chariai albwm o'r lluniau hynny o dan y teitl 'Y blynyddoedd a fwytaodd y locust'. Byddai ganddo ddywediadau bachog. Un ohonyn nhw oedd, 'Mae rhyddid caled yn well na chaethiwed caredig.' Dywediad arall ganddo fyddai, 'Mae diwrnod yn hwy ar y ddaear yn ddiwrnod yn llai yn y bedd.'

Roedd e'n fardd ei hunan. Cyfansoddodd gerddi a byddai'n cystadlu ar y limrig mewn gwahanol eisteddfodau. Cyfieithodd rai o ganeuon poblogaidd ei gyfnod, fel *Smiling Through* a *The Isle of Capri*. Roedd geiriau Cymraeg Dafydd

Dafydd Jones a'i wallt hir.
Galwai yn Esgair-hendy.

o'r gyntaf yn mynd rhywbeth yn debyg i hyn:

Y mae ffordd fechan lwyd yn mynd draw dros y bryn
At hen fwthyn bach gwyn ger y lli,
Ma 'na glwyd fechan werdd, lle disgwyliaf gael cwrdd
Â glas lygaid clyd a'u gwenau i gyd – arnaf fi.

Nawr mae'r glesni yn plethu y brown yn ei gwallt
Gyda finnau, mae gwyn mysg y du,
Ond trwy'r holl flwyddi hir, trwy y dagrau a'r cur,
Y glas lygaid clyd a wenodd o hyd – arnaf fi.

Ac os unig y gedwir fi'n ôl yn y byd,
Disgwyl galwad a wnaf oddi fry,
Ac os nef fydd fy rhan, daw im cwrdd yn y man,
A'r glas lygiad clyd fydd a'u gwenau'i gyd – arnaf fi.

Mae geiriau'r llall yn amrywio yn ôl cof pobol. Ond dyma un fersiwn ohoni:

Ar hen Ynys Capri gwrddom gyntaf
O dan goeden â chnau arni'n lli,
'Mysg y blodau a'r lliwiau prydferthaf
Ar hen ynys fach dawel Capri ...

Tymor haf oedd bron mynd heibio,
Awyr las nefolaidd fri,
Gofynnais iddi cyn ffarwelio
Gawn i air bach o serch gyda hi.

Dywedodd wrthyf mai rhaid oedd ymado,
Ac wrth gusanu ei llaw gwelais i
Fodrwy aur ar ei bys yn disgleirio,
A diflannodd prydferthwch Capri.

Treuliodd ei flynyddoedd olaf mewn cartre'r henoed yn Llanbed. Ar ôl crwydro am dros ddeg mlynedd ar hugain, bu farw yn Ysbyty Aberystwyth ar 21 Gorffennaf, 1951 yn 72 oed. Fe'i claddwyd ef ym mynwent Nantcwnlle.

Yr ail gerddwr cyfarwydd oedd Jac Bwlch Ffin, cymeriad a drigai rhwng Tregaron a'r Berth. Byddai Jac ar y ffordd bob amser, naill ai'n cerdded i Dregaron neu gerdded adre o Dregaron. A byddai'n ymuno ymhob sgwrs. Roedd e'n enwog iawn am ei ateb parod.

Roedd ganddo fe feic hefyd, ond cerdded fydde fe fwyaf. Un noson dywyll fe welodd Sarjiant Tregaron fod Jac yn gwthio'i feic. Doedd ganddo fe ddim golau, wrth gwrs. Roedd y Sarjiant yn amau fod Jac wedi bod yn pedlo ond wedi disgyn a cherdded pan welodd e'r iwnifform.

'Ers faint wyt ti wedi bod yn cerdded?' gofynnodd y Sarjiant.

'Diawl,' medde Jac, 'dw'i ddim yn cofio. Well i ti ofyn i Mam. Fydd hi'n gwbod.'

Ceir stori amdano yn hunangofiant gweddw Caradoc

Evans, Oliver Sandys. Adeg y Rhyfel oedd hi, a Jac yn sgwrsio â Bois yr Hewl. Y cwestiwn oedd beth i'w wneud â Hitler petai e'n cael ei ddal. Dymuniad Jac fyddai gwthio Hitler i injan tsihaffo, a'i falu'n fân. 'Ond Jac,' medde'r fforman, ' fe fydde hynny'n farwolaeth rhy sydyn iddo fe. ' 'Dim problem,' atebodd Jac, 'fe allen i gâl un ohonoch chi, Bois yr Hewl i droi'r handl.'

Mae yna hanes am Jac yn eistedd ar sgwâr Tregaron ac yn crafu tan ei gesail. Tynnodd ei law allan, ac ar gledr y llaw roedd dwy chwannen. Fe neidiodd un i ffwrdd. 'Gilti, myn yffarn i!' medde Jac, gan osod y llall yn ôl tan ei gesail.

Fe ofynnodd rhywun wrtho pam na fydde fe'n lladd chwain. Ei ateb e oedd, 'Fe laddes i whannen unwaith, ac fe gafodd hi angladd mor gryf fel na wnes i byth wedyn ladd whannen.'

Fe fu'n gweithio am gyfnod ar fynydd Tregaron gydag Edwards Nantstalwyn, dyn hyfryd iawn. Roedd llygaid tro gan y ddau, ac un dydd dyma Edwards a Jac yn dod i gwrdd â'i gilydd rownd i dalcen y tŷ. Fe hition nhw mewn i'w gilydd. 'Damio di, Jac – edrych ble ti'n mynd!' medde Edwards. 'Whare teg, bós,' medde Jac, 'cer di'r ffordd ti'n edrych!'

Doedd Jac na Dafydd Jones ddim yn gardotwyr. Ond roedd yna lawer o'r rheiny'n crwydro'r ardal. Roedd un ohonyn nhw, yn arbennig, yn codi ofn arnom ni blant. Wyddai neb ddim mo'i enw. Câi ei adnabod fel Carnera, ar ôl y bocsiwr enwog o'r Eidal. Bob tro y byddwn yn ei weld e'n dod ar ei feic fe fyddwn i'n neidio dros y clawdd i'r cae. Yn aml fydde dim teiers ar olwynion ei feic. Byddai'n gyrru ar yr olwynion metel moel.

Mae'n debyg fod clywed y gynnau mawr yn tanio adeg y Rhyfel wedi effeithio arno fe. Fe wisgai felly gnu dafad o gwmpas ei ben a'i glustiau ac fe gariai gyllell rhwng ei ddannedd. Un tro fe gafodd godwm, ac fe wnaeth y gyllell –

a oedd yn ei boced – anafu ei ystlys. Dyna pam mai yn ei geg y byddai'n ei chario byth wedyn. Mynd o ffarm i ffarm fydde fe. Fe fu'n gweithio gyda ni yn Esgair-hendy. Rwy'n ei gofio'n gwasgar dom gan godi ceiniog neu ddwy am bob crugyn o ddom fydde fe'n ei chwalu. Fe fydde fe weithiau'n cynnau tân ar ben talar a berwi te mewn pot tun.

Oedd, roedd yna gymeriadau ar y ffordd fawr pan own i'n grwt. Ac fe fyddwn i'n eu gweld nhw ar y ffordd i'r ysgol ac ar y ffordd adre. Fe wnes i fynychu pedair ysgol yn ystod fy mhlentyndod. Y gyntaf oedd Ysgol Castell Fflemish, sydd wedi hen gau. Fe fu, am rai blynyddoedd wedyn yn grochendy. Wn i ddim o ble daeth yr enw. Mae yna olion hen gastell gerllaw, ond mae'r 'Fflemish' yn ddirgelwch.

Roedd Mam-gu yn fy nanfon i'r Ysgol Sul hefyd yng Nghapel Blaenpennal. Ond yn groes i'r graen oedd hynny. Wnes i ddim mynychu capel rhyw lawer erioed. Ond rwy'n cofio cael fy nal yn bert gan weinidog Capel y Morfa, y Parchg Pryderi Llwyd Jones, oedd yn byw wrth ymyl y ganolfan deiers yn Aberystwyth. Un dydd Sul dyma fe'n fy ngwahodd i i'r capel.

'I bechaduriaid a rhagrithwyr mae capel i fod,' medde fi, gan feddwl mod i'n glyfar.

'Wel, os hynny,' medde Pryderi, 'rwy'n siŵr fod yna le i un arall. Dewch mewn.'

Yn blentyn ysgol yn 1942 fe es ar fy ngwyliau am bythefnos i Lanfihangel-y-creuddyn, rhwng Aberystwyth a'r Trawsgoed, lle'r oedd perthynas i Mam-gu yn byw yn Llwyn-du. Roedd ganddi ddau fab, y naill yn y Rhyfel allan yn Ne Affrica a'r llall yn y coleg. Gan fod y ddau oddi cartref, roedd hi braidd yn unig. Roedd hi'n drwm ei chlyw hefyd, a doedd hynny ddim yn help. Yr unig ffordd fedrai hi fy neall i oedd drwy ddarllen fy ngwefusau. Roedd hi hefyd yn cario corn mawr gan ddal hwnnw wrth ei chlust wrth geisio gwrando.

Fe hoffodd hon fi gymaint fel iddi fy mherswadio i aros. Fe wnes i felly gychwyn mynychu Ysgol Llanfihangel-y-creuddyn gan wneud ffrindiau newydd fel bechgyn Llannerch-pentir a Banc-y-môr a'r Ratrays o'r Trawscoed. O'r pedair ysgol wnes i eu mynychu, yn Ysgol Llanfihangel ges i'r crasfeydd mwya ges i erioed. Yn wir, rown i'n cael crasfa bob dydd, bron. Nid nad own i'n eu haeddu nhw. Fe fydde'r sgwlyn yn fy hitio â beth bynnag fydde wrth law. Ac os na fydde cansen neu rywbeth arall wrth law, slap fydde hi.

Mae'n siŵr fy mod i'n tynnu ar ôl fy Wncwl Fred. Fe fydde fe, mae'n debyg, yn cael crasfa byth a hefyd yn Ysgol Castell Fflemish gan y sgwlyn. Un dydd fe gafodd Fred grasfa arbennig o galed. Ond fe wnaeth e ddial ar y sgwlyn. Fe bisodd Fred mewn i danc petrol motor-beic y prifathro ar y slei. Wedi i'r prifathro danio'r beic ar gyfer mynd adre, fe dagodd yr injan ac yna fe stopiodd. Bu'n rhaid i'r sgwlyn gael ei wthio ar ei fotor-beic gan y plant er mwyn ceisio ail-danio'r injan. A phwy oedd ar flaen y ciw yn gwthio'r motor-beic ond Fred.

Fy mhedwaredd ysgol, Ysgol Heol Alecsandra yn Aberystwyth, a drodd yn ddiweddarach yn Ysgol Gymraeg.

Menyw oedd yng ngofal Ysgol Castell Fflemish erbyn i fi fynd yno. Ei henw oedd Deina, ac roedd ei chwaer Jane yn dysgu yno hefyd.. Mewn lle o'r enw Constant oedd hi'n byw, mae'n debyg. Ches i ddim erioed grasfa gan Deina. Ond roedd hi'n stori arall yn Llanfihangel-y-creuddyn. Doeddwn i ddim yn blentyn drwg. Yn ddwl oeddwn i. Neidio ar draws y nant, er enghraifft, a disgyn ar fy nhin yn y dŵr. Crasfa. Codi taten o ardd yr ysgol wedyn a cheisio hitio Richie Banc-y-môr ond yn malu ffenest tŷ bach y sgwlyn. Crasfa. Adeg un awr ginio wedyn roedd bois lleol wrthi'n llusgo coed yn Abertrinant. Fe aeth tua deg ohonon ni yno. Fe aeth y cachgwn yn ein plith nôl i'r ysgol yn ufudd pan ganodd y gloch. Fe arhosodd criw bach ohonon ni yno drwy'r prynhawn. Crasfa arall.

O Lanfihangel-y-creuddyn fe symudwyd fi bedair milltir i ffwrdd i Bant-y-cyrne yn y Groes, neu New Cross. Fe dreuliais i flwyddyn yn yr ysgol yno. Roedd honno'n ysgol hyfryd. Roedd ysgol y Groes y tu ôl i gapel y pentref, rhwng yr addoldy a'r fynwent. Yn y fynwent honno y claddwyd y dramodydd Caradog Evans. Ches i ddim un grasfa yn yr ysgol honno. Rwy'n cofio mai Miss Griffiths oedd yr athrawes, dynes neis. Ac roedd y bwyd yn neis iawn yno hefyd.

Yn un o gaeau Pant-y-cyrne roedd crater mawr lle'r oedd un o fomiau'r Almaenwyr wedi ei gollwng. Gerllaw roedd sied sinc, a honno yn y nos yn disgleirio yng ngolau'r lleuad. Y ddamcaniaeth yw bod y peilot wedi credu ei fod e uwchben y Llyfrgell Genedlaethol bedair milltir i ffwrdd yn Aberystwyth, lle'r oedd llawer o drysorau'r genedl wedi'u symud er mwyn diogelwch. Dywed rhai hefyd mai awyren Brydeinig wnaeth ollwng y bom ar y cae yn y Gors wrth iddi gael ei hymlid gan awyren Almaenig. Rwy'n cofio'r adeg yn iawn. O ben banc Pant-y-cyrne fe fedrwn i weld fflamau Abertawe a Lerpwl yn troi'r awyr yn goch.

Roedd Mam yn cadw tŷ lodjins yn Aberystwyth. Yn lletya yno dros holl gyfnod y rhyfel bu swyddog o Fyddin Canada. Ei enw oedd Mitch, ac roedd e'n dod o Montreal. Rwy'n cofio'n dda ei wraig yn postio menyn cnau pys iddo fe i roi ar ei dost. Doeddwn i ddim erioed wedi gweld y fath fwyd. Wyddwn i ddim ar y pryd, ond ei swyddogaeth oedd gwasanaethu fel swyddog diogelwch yn y Llyfrgell Genedlaethol.

Do, fe dreuliais i fy mhlentyndod mewn nifer o wahanol lefydd. A rown i bob amser mewn trwbwl. Rwy'n cofio ddechrau'r pedwardegau bod yn Aberystwyth ac wedi prynu roced ar gyfer noson tân gwyllt. Fel arfer, adeg y Rhyfel, chai neb brynu gwerth mwy na swllt o dân gwyllt ar y tro. Ond fe lwyddais i brynu roced anferth am tua hanner coron, arian mawr bryd hynny. Fe'i cedwais i hi tan adeg y Nadolig, ac un dda oedd hi – un roced fawr gyda dwsin o ffrwydradau bach yn sownd wrthi.

Un noson, allan â fi â'r roced. Y tu allan i'r *Coliseum* roedd ciw anferth yn disgwyl gweld *How Green was my Valley*. Draw â fi i'r Prom, ac wrth ymyl y capstan, sydd yno o hyd, dyma osod y roced a'i chyfeirio hi tuag at Ffordd y Môr. Dyma'i thanio hi, ac fe saethodd hi dros y ciw pobol a hitio wal y Coliseum yn union o dan y tŵr bach crwn sydd yno hyd heddiw. Fe aeth y roced yn sownd o dan y tŵr, a dyma'r deuddeg ffrwydrad yn tanio nes bod y lle'n crynu. Mae'n rhaid bod y rhai yn y ciw yn credu fod y Jyrmans wedi glanio. Fe fu bron i fi roi'r *Coliseum* ar dân. Mae'r *Coliseum* wedi hen gau, wrth gwrs. Amgueddfa yw'r lle heddiw.

Fyddwn i byth yn talu am fynd i'r pictiwrs. Fe fyddwn i'n mynd mewn i'r *Coliseum* ar y slei drwy ddrws yr ochr, neu lithro ar fy mol heibio i'r bocs tocynnau. Yn y *Forum* yn Stryd y Baddon fe fyddwn i'n dringo i mewn drwy ffenest y toilet.

Pan own i'n grwt roedd Aberystwyth, o ran cymdeithas,

Hen sinema'r Coliseum, sydd bellach yn amgueddfa. Yma y glaniodd y roced ar y tŵr

yn fwy o bentref nag o dref. Fe fyddwn i'n treulio llawer o amser o gwmpas Pont Trefechan. Bryd hynny roedd yna dair siop wrth ochr y bont lle mae dim ond un heddiw. Y drws nesaf i siop gigydd Llew Rowlands roedd Siop Powell Bach. Roedd siop Powell fel ogof y trysor. Roedd e'n gwerthu bocs o fatshys am geiniog a dimau, pump o *Woodbine* am bedair ceiniog ac yn y blaen. Ond roedd gan Powell ddull unigryw o gyfri'r bil. Ac fe fydde fe'n siarad yn uchel wrth iddo wneud hynny. Fe fydde bois y cychod yn dod fyny o'r afon ac yn galw gydag e i brynu nwyddau ar gyfer eu cychod. A dyna ble bydde fe wedyn yn dweud rhywbeth fel, 'Wyth swllt a saith ceiniog, "seven down, carry eight". Pedwar swllt ac wyth ceiniog, "eight down carry four".' Yn rhyfedd iawn, fyddai neb yn dod nôl i gwyno. Roedd e'n eu cawdelu nhw'n rhacs.

Fe brynodd Powell ail siop fyny yn *Eastgate,* a phawb yn tyngu iddo fe lwyddo i wneud hynny o'r arian wnaeth e'i gymryd oddi wrth fechgyn y cychod. Morwyr tramor oedden nhw gan fwyaf, beth bynnag ac yn ei chael hi'n anodd deall Powell.

Dyna Joni Bach wedyn, a fyddai'n gwthio tryc ar hyd y lle. Fe fydde fe'n cael hanner coron i brynu pysgodyn oddi wrth Mrs Weir, ond fedre fe ddim pasio'r *Cross Foxes* heb fynd i mewn i wario'r hanner coron ar gwrw. Erbyn iddo ddod allan fe fydde Bert Morgan wedi hongian ei dryc oddi wrth bostyn lamp, a Joni'n methu â'i gyrraedd.

Cymeriad arall oedd bachan oedd yn cael ei adnabod fel

Dai Dyrdu, a fyddai'n gwerthu copïau o *Old Moore's Almanac* y tu allan i *Woolworths* ar y Stryd Fawr. A de Gaulle wedyn, wedi cael yr enw am fod ganddo fe drwyn mawr. A Blackwell a'i gart fach yn byw yn Stryd y Frenhines ger cefn *Woolworths*.

Roedd yma fenywod amlwg iawn i'w gweld – a'u clywed – ar y strydoedd. Dyna'i chi Happy Agnes yn Stryd y Frenhines. A Sara Grac wedyn. Fe fu Sara Grac yn forwyn gyda Mam-gu ym Mhontarfynach. Menyw o Benuwch oedd hi. Un dydd roedd hi'n helpu gyda'r dyrnu ar fferm leol. Bryd hynny, ceffyl fyddai'n troi'r gerin, neu'r 'gearings' gyda shafft yn arwain o'r canol at yr injan ddyrnu. Dyma Sara'n dwrdio'r gwas am beidio ag arwain y ceffyl o gwmpas yn ddigon cyflym. Fe wthiodd ei ffordd drwy dwll y shafft i ddadlau â'r gwas, ac fe aeth ei thin hi'n sownd. Fe fu'n rhaid ei chario hi mewn cadair i'r ffordd fawr ac i'r ysbyty. A Mam-gu'n dweud, 'Os collodd Sara Grac hanner ei thin yn y gerin, ma' digon ohono fe ar ôl gyda hi o hyd!'

Rown i'n ddeuddeg oed pan wnes i ddod yn ôl at Mam i fyw gan fynychu Ysgol Heol Alecsandra. Yno, ar ddechrau'r pumdegau rown i'n siario stafell ag Eirwyn Pontshân. Roedd e'n un o lodjyrs Mam, yn gweithio fel saer coed yn iard gychod Williams yn Nhrefechan. Roedd ganddo fe fotor-beic *BSA 250*, ac fe fydde fe a fi yn aml yn saethu jac-y-dos o ffenest y llofft. Fe ddaeth Eirwyn, wrth gwrs, yn enwog am ei storïau carlamus. Roedd gyda ni lodjyr a oedd, er ei fod e'n Gymro Cymraeg, yn mynnu siarad Saesneg. Doedd Eirwyn ddim yn ei hoffi fe o gwbwl. Roedd Eirwyn yn genedlaetholwr i'r carn mewn adeg pan nad oedd hi'n ffasiynol i fod yn un. Ond fe ges i lawer o sbort gydag e. Ar ôl priodi fe fu e'n byw yn y Borth a Thre'r-ddôl. Mae yna rai sy'n adrodd hanesion carlamus amdano fe. Ond chawson ni ddim trafferth gydag e erioed.

Un arall oedd yn lletya gyda Mam oedd Tom Williams,

a oedd yn gweithio yn y Llyfrgell Genedlaethol. Roedd e'n dipyn o sgolor, ac fe fuodd e'n gweithio wedyn ar Eiriadur y Brifysgol. Fydde Tom byth yn codi ei lais, a'i lysenw oedd Tom Tawel. Roedd e'n dod o Temple Bar.

Roedd saith stafell wely yn nhŷ Mam yn Stryd Cambrian, a phob un wastad yn llawn. Fe wnes i etifeddu'r lle ar ôl Mam. Yn wir, fi sy'n ei berchen o hyd.

Ar olwynion

Fe ges i fy ngeni yn ystod oes y beic. Breuddwyd pob plentyn oedd dod yn berchen ar feic. Ond prin iawn oedd y beics a gai eu gwneud ar gyfer plant bryd hynny, ar wahân i feiciau bach tair olwyn. Wnes i ddim breuddwydio bryd hynny y byddwn i, ymhell yn y dyfodol, yn gwerthu dros ddwy fil o deiers beics bob wythnos.

Fe fu gen i dreisicl fy hun. Ac un dydd fe fu hi bron yn drychineb pan aeth tri ohonon ni ar y beic bach ar y goriwaered lawr i Bont-gou ger Ty'n Celyn. Roedd Mam-gu wedi prynu'r beic bach i fi yn siop Arthur Morgan yn Nhregaron. Roedd angen mynd â'r ci i gael ei hyfforddi gan Ianto Bryncethin fel ci trin defaid. Roedd Ianto mor ddwl â ni. Fe fydde fe'n cario'i fam ar sgîl ei fotor-beic, a hithau'n eistedd 'side-saddle', fel fydde'r Cwîn ar gefn ceffyl, a basgedaid o wyau yn ei chôl i'w gwerthu yn Nhregaron..

Beth bynnag, fi oedd yn pedlo, gan sefyll ar fy nhraed. Roedd fy Wncwl Ernest, a ddylai wybod gwell, yn eistedd ar y sêt. Ac yn sefyll yn y cefn, ar yr echel ôl ac yn cydio am ysgwyddau Ernest roedd Ned Cocksarn. Fe wnaethon ni glymu'r ci y tu ôl â chortyn hir fel y gallai ein dilyn. Doedd

Cefn fferm Esgair-hendy, lle ganwyd fi.

gen i ddim brêcs, felly fe wnes i wthio brigyn coeden gelyn i sbôcs yr olwyn flaen ar gyfer arafu'r beic. Wrth gwrs, fe dorrodd y brigyn ar unwaith, a lawr â ni fel mellten. Roedd y ffordd, diolch byth, yn wag. Prin y medrai'r ci ddal fyny â ni, ond cyn cyrraedd y bont fe hition ni'r clawdd. Doedd neb yn hapusach na'r ci. Yn wir, fe ddihangodd hwnnw mewn ofn ac yno buon ni am oriau yn chwilio amdano.

Golwg ar Esgair-hendy drwy'r llwyni ger Pont-gou.

Y ffordd i lawr i'r Bont-gou, lle'r aeth tri ohonom, a'r ci i'r clawdd.

Yn blentyn rown i fyny i bob drygioni ac yn gwbl ddi-ofn. Doedd dim un drygioni na fyddwn i wrth ei wraidd. Wnes i ddim callio rhyw lawer wedi i fi dyfu. Y gair a gai ei ddefnyddio yn yr ardal am blentyn fel fi oedd 'diened', sef dienaid, a olygai 'di-ofn'. Yn wir, rwy wedi bod yn ddiened gydol fy mywyd.

Ond doedd dim prinder beics i oedolion. Doedd yna'r un cartref yng nghefn gwlad heb o leiaf un beic, weithiau dau, tri a mwy. Cyn dyfodiad y motor-beic *BSA Bantam* doedd yna'r un gwas neu fab ffarm heb ei feic. Bois yr hewl wedyn. Roedd gan bob un ei feic, a hwnnw fel arfer yn feic tal gydag olwynion 28 modfedd. Golygfa gyffredin fyddai gweld bois yr hewl yn pedlo heibio, bag bwyd ar eu cefn a rhaw wedi'i chlymu ar hyd y bar. Yn y dyddiau hynny roedd gan fois yr hewl eu 'length' eu hunain, sef darn o ffordd dair neu bedair milltir o hyd o dan eu gofal. Nhw fydde'n trasio'r perthi ac yn cadw'r cwteri'n glir ar eu patsh eu hunain. Roedd ganddyn nhw barch at eu gwaith.

Fe brynais i fy meic newydd cyntaf ag arian a wnes i ennill ar fy rownd papurau newydd o siop Gordon Evans am goron yr wythnos. Roedd Mam-gu wedi fy nysgu sut i gynilo arian. Am bob swllt wnawn i ei chynilo, fe fydde hi'n rhoi swllt arall i fi. Roedd yna siop gwerthu beics hefyd wrth ymyl garej Daniels yn Aberystwyth. Dyn o'r enw Gassner oedd y perchennog. Fe brynais i *Sunbeam*, beic tri spîd am tua phymtheg punt. Dim ond dau feic oedd yn y siop. Mab Parry'r Fet brynodd y llall. Fe gymerodd ei dad ei fywyd ei hun drwy neidio allan o'i ffenest llofft.

Yna, yn 1949 fe brynais i fy motor-beic cyntaf, *BSA 250* yn Garej Gwalia. Fe fedra'i gofio'i rif e o hyd, AEJ415. Fe brynodd bachan o Langwyryfon un hefyd gyda'r rhif 416. Fe dalais i £111.00 amdano. Heddiw, chawn i ddim teier motor-beic am y pris yna.

Hen Garej Gwalia yn y pumdegau, lle prynais fy motor-beic cyntaf.

Roedd e'n un gweddol gyflym. Fe allai gyrraedd tua 75 milltir yr awr yn hawdd. Doedd dim angen helmet bryd hynny, wrth gwrs. Yn fuan iawn fe gollais i fy nhrwydded. Fe wnes i fenthyca'r *BSA* i ffrind oedd am fynd i gwrdd â rhyw fenyw ym Mhennal. Roedd e'n gweithio'r drws nesa i fi gydag Wood Jones y bwtsiwr, a finne'n gweithio yn siop sgidiau *Turners.* Fe gafodd e godwm ym Machynlleth. Wyddwn i ddim nad oedd yr yswiriant yn gymwys ar ei gyfer. Yn groes i'r graen wnes i ei fenthyca'r motor-beic iddo i ddechre. A dyma golli fy nhrwydded am flwyddyn.

Fe fues i felly heb fotor-beic am ddeuddeg mis. Yna dyma fachan o'r enw Cliff Dowse yn dod i Aber fel plastrwr gyda chwmni Tellings. Roedd ysgol newydd Dinas ar ben y Waun yn cael ei chodi, ac yno y cafodd Cliff y gwaith. Roedd ei fforman, Tom Jones yn lletya yn nhŷ lodjins Mam-gu. Roedd gan Cliff fotor-beic *Triumph* a arferai berthyn i'r heddlu. Fe fyddwn i'n teithio'n aml gydag e ar y sgîl.

Roedd bachan yn gweithio gyda Cliff oedd wedi

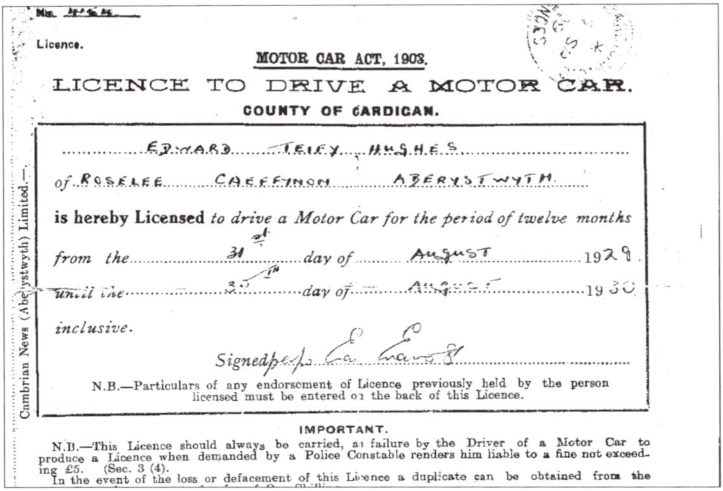

Licence.

MOTOR CAR ACT, 1903.

LICENCE TO DRIVE A MOTOR CAR.

COUNTY OF CARDIGAN.

EDWARD TEIFY HUGHES

of ROSELEE CAEFFYNON ABERYSTWYTH

is hereby Licensed *to drive a Motor Car for the period of twelve months*

from the 31st *day of* AUGUST 1929

until the 30th *day of* AUGUST 1930

inclusive.

Signed

N.B.—Particulars of any endorsement of Licence previously held by the person licensed must be entered on the back of this Licence.

IMPORTANT.

N.B.—This Licence should always be carried, as failure by the Driver of a Motor Car to produce a Licence when demanded by a Police Constable renders him liable to a fine not exceeding £5. (Sec. 3 (4).

In the event of the loss or defacement of this Licence a duplicate can be obtained from the

Cambrian News (Aberystwyth) Limited.—

Enghraifft o drwydded yrru tad Morlais Hughes, ffrind i mi o ddiwedd y dauddegau.

gwahanu oddi wrth ei wraig. Doedd e ddim yn talu cynhaliaeth iddi ac fe ddaeth yr heddlu i gnocio ar ei ddrws. Fe wnaeth e benderfynu gwerthu'i fotor-beic *Sunbeam* er mwyn codi digon o arian i dalu ei ddyledion. Fe glywais am hyn gan Tom Jones. Roedd y perchennog yn gofyn can punt.

Ym Mhenrhyn-coch roedd gwas ffarm â diddordeb yn y beic. Roedd e'n cael ei dalu ddiwedd y flwyddyn. Ond roedd e'n teimlo ei fod e'n feic rhy fawr iddo. Fe wnes i, felly, gael golwg ar y beic. Roedd e'n drwch o laid. Ond dwy flwydd oed oedd e, ac yn ddim gwaeth na newydd. Roedd gen i bedwar mis i fynd cyn cael fy nhrwydded yn ôl. Dyma gynnig £80 amdano. Na, doedd e ddim yn ddigon. Ond nôl y daeth y perchennog ymhen pythefnos gan dderbyn y cynnig.

Fe wnes i wthio'r beic gartref gan fynd ati i'w olchi a'i addasu mewn adeilad lle'r oedd fy ewythr Ernest yn rhedeg llaethdy. Fe wnes i ei droi e'n feic modern gyda sedd ddwbl yn lle'r ddwy sedd ar wahân oedd ar feics bryd hynny. Fe wariais i tua £25 ar yr holl waith.

Yn lletya gyda ni roedd bachan o'r enw Arfor o Lanfair Caereinion, rheolwr banc. Roedd e'n awyddus i'w brynu ac fe wnes i ei werthu iddo fe a gwneud elw. Wedyn fe'i prynwyd gan ffrind i fi, Richie Banc-y-môr.

Fe gychwynnodd hyn gyfnod o brynu a gwerthu motor-beics. A dyma gychwyn hefyd gyfnod o geisio cael y gorau ar un o blismyn y dre, Sarjiant Ishmael. Roedd e'n byw fyny ger y castell ac fe aeth hi'n rhyfel agored rhwng y ddau ohonon ni. Roedd Aberystwyth yn lle garw bryn hynny. Byddai milwyr o Wersyll y Fyddin yn Nhonfannau yn dod draw ar nos Sadwrn gan greu trafferthion. Fe fyddai'r heddlu o gwmpas y *Blue Bell* a thafarn John Jâms yn ceisio cadw trefn. A'r fenyw honno a gâi ei galw'n Sara Grac yn gweiddi, 'Cica fe yn ei geille!'

Doedd dim setiau radio gan yr heddlu bryd hynny. Ro'n nhw'n trefnu i gwrdd â'i gilydd mewn man arbennig ar

Yma y safai hen fragdy Hancocks, a chyn hynny Bragdy Roberts.

Sgwâr cloc y dref. O dan yr hen gloc oedd un o fannau cyfarfod y bois motor-beics.

amser arbennig. Hynny yw, 'point duty'. Erbyn tua hanner nos fe fydde pethe'n tawelu.

Ar ben uchaf Stryd y Bont roedd gwraig o'r enw Mrs Doughton – chwaer i Mrs Mason, *Crown Dairy* – ac fe fydde hi'n mynd nôl â phob stori i Ishmael. Fe fydde rhai o'r plismyn yn cuddio yn y toiled tanddaearol ger cloc y dref. Yno y byddai un heddwas, Cecil Watts yn cuddio ar nos Sadwrn er mwyn astudio'i ffurflenni pyllau pêl-droed. Fe wnaeth Mrs Stoughton gŵyn amdano ac fe ddaeth Cecil i wybod am hyn. Dyma fe'n talu nôl drwy adael nodyn ym mhotel laeth yr hen wraig yn gofyn am ddau beint yn ychwanegol. Roedd yna hwyl bryd hynny, ac Ishmael, rwy'n siŵr, yn cael llawn cymaint o hwyl a phawb arall.

Ar ddydd Sadwrn, Caerfyrddin fyddai'r atynfa fawr i fois y motor-beics. Fe fyddwn i a John Daniel – roedd gan hwnnw feic *Matchless Twin* – yn mynd lawr yn aml. Un dydd Sadwrn fe es i mewn i giwbicl un o'r toilets yn y dref a dechre darllen yn uchel rai o'r dywediadau a'r rhigymau oedd wedi eu hysgrifennu ar y wal i'r bois eraill oedd y tu allan. Pan ddes i allan roedd y bois wedi mynd ac yn sefyll yno roedd pregethwr, a hwnnw wedi clywed yr holl fochyndra!

Fe ddaeth motor-beics i olygu popeth i fi. Fe fyddwn i'n mynd i'r rasys ar Fynydd Epynt. Fe wnes i drefnu bysus i fynd yno. Bryd hynny fe fyddai dros 40,000 yn dod ynghyd yno i wylio'r rasys, gyda beics *Norton, BSA* a *Velocette* yn rhuo heibio. Beics 500cc oedd y rhain. Un flwyddyn fe drefnwyd hefyd rasys motor-beics a seidcars. Trac o ryw dair milltir oedd yno a chai ei ddisgrifio fel fersiwn fach o drac Ynys Manaw. Hwn oedd trac mwyaf ar dir mawr Prydain. Fe fyddwn i'n sefyll bob amser ar gornel a gai ei alw'n *Piccadilly Corner*. Fe welais i'r goreuon yn rasio yno, John Surtees, Les Graham Dickey Dale a Jack Brett yn eu plith. Yn dilyn eira mawr 1947 fe waethygodd y trac ac fe ddaeth y rasys yno i

Maes Coedlan y Parc, cartref tîm pêl-droed Aber dros yr afon o'r bragdy. Mae Teiers Cambrian wedi noddi'r clwb ers blynyddoedd.

ben. Fe fu hyn yn golled fawr.

Ar ôl gweithio ar rownd bapurau newydd i Gordon Evans, oedd â siop ar un o gorneli Chalybeate Street, a blwyddyn mewn siop sgidie fe gychwynnais i ar fy swydd barhaol gyntaf. Fe ges i waith yn y bragdy lleol, Bragdy Roberts, a drodd wedyn yn Hancocks. Gyrrwr lori own i yn y bragdy. Yna, ar ôl colli fy nhrwydded fe ges i waith yn y seler gyda Dai Iorwerth. Dai fyddai wrth y drws yng Nghlwb y Gynnyrs yn Nhrefechan. Os na fyddech chi'n aelod fe fyddai gofyn i Dai arwyddo'r llyfr aelodaeth, neu chaech chi ddim mynediad.

Fe fydde Dai hefyd yn rhoi help llaw ar ffarm yng Ngogerddan, ac un nos Sul dyma'r cymeriad hwnnw o'r enw Dorkey o Benparcau yn dod mewn i'r clwb. Fe ddywedodd Dai wrtho fod ganddo lwyth o Brysel Sbrowts. A fydde Dorkey â diddordeb ynddyn nhw? Roedd Dorkey wrth ei fodd, ac fe dalodd aml i beint i Dai rhag blaen. Fore dydd Llun fe gyrhaeddodd Dai â'r planhigion – hanner cant ohonyn nhw – ac fe blannodd Dorkey nhw yn ei ardd.

Golygfa o Drefechan, lle safai Clwb y Gynnyrs, a chyn hynny'r Ceffyl Du.

Roedd y planhigion i'w gweld yn cydio ac yn tyfu'n dda. Ond wrth iddyn nhw dyfu, dim ond coesau hirion oedd i'w gweld. O'r diwedd fe sylweddolodd Dorkey fod Dai wedi gwerthu planhigion cêl iddo fe.

Fe fydde Dorkey'n galw yn y bragdy'n aml, gan wybod y bydde cwrw ar gael o'r tap. Cwrw i'r staff oedd e i fod. Ond fe fyddai'n cael ambell i beint ar y slei. Un dydd roedd e'n cario llond sach o rywbeth trwm. Roedd e ar ei ffordd i siop *McIlquhams* i werthu sachaid o blwm. Ar ôl cael ei beint, dyma fe bant, â'r sach ar ei gefn.

'Watsha di nawr,' medde Dai Iorwerth, 'fydd e nôl nawr.' A nôl y daeth e, a golwg ddiflas ar ei wyneb a'r sach wag yn ei law. Fe bwyswyd sach Dorkey ac fe'i talwyd. Ond dyma'r gweithiwr siop yn gweiddi arno y câi ei sach yn ôl yn wag. Doedd Dorkey ddim eisie i neb agor y sach. Brics oedd ynddi, nid plwm.

Gyda Dai y bues i am sbel yn gweithio yn y seler. Bryd hynny rown i fwy heb drwydded nag y byddwn i gydag un. Fe gollais i fy nhrwydded y tro hwn – fel bob tro, bron iawn

Sgwâr Llanilar. O'n gweld ni'n rhuo heibio byddai'r plismon lleol yn ffonio Sarjiant Tregaron i'w rybuddio.

Hen bont Trecefel ger Tregaron, lle gwnes i hedfan dros ben gyrrwr arall.

– am oryrru. Daliwyd fi'n gwneud 118 milltir yr awr ar yr M4 ar y ffordd nôl o Lunden.

Fe ges i fy nal hefyd yn mynd yn rhy gyflym drwy Benparcau. Yn ôl yr heddlu rown i'n gwneud pedwar ugain milltir yr awr. Roedd ffrind i fi lawr o Lunden ac roedd ganddo fe *Manx Norton*. Roedd hi siŵr o fod tua deg o'r gloch y nos. Roedd gen i feic da, *Douglas 350*. Doedd yna'r un beic a allai ddygymod ag e ar gorneli. Ond dyma'r bachan yma heibio i fi, mor glós fel iddo fe bron iawn gyffwrdd â fi. 'Iawn', medde fi wrth fy hunan, 'os mai fel'na mai hi fod, dal yn sownd, gwd boi.' Bob tro y byddai ras i fod, yna cyfeirio am hewl Tregaron fyddwn i. Fe fedrwn i gyrraedd Tregaron – pellter o 17eg milltir – mewn ugen munud. Rwy'n cofio, er enghraifft, pasio Charlie Pantyrôn ar Bont Einon nid drwy fynd heibio iddo ond drwy hedfan drosto. Roedd yr olwyn flaen yn uwch na'i ysgwydd. Beth bynnag, ar noson y ras rown i'n mynd drwy Benparcau. Roedd gen i switsh ar gyfer diffodd y golau ôl, ac fe wnes i hynny. Yn anffodus fe fethais i gymryd y tro ar dop Penparcau a bu'n rhaid i fi fynd ymlaen am Bontarfynach. Ac yno y gorffennodd y ras. Ar ôl cyrraedd adre a rhoi'r beic yn y garej, roedd Sarjiant Ishmael yn fy nisgwyl wrth ddrws y tŷ. Rown i wedi pasio car yr heddlu, a oedd wedi parcio ychydig cyn cyrraedd top Penparcau.

Fe ddaeth yn amser i wynebu'r llys, ac yn ei dystiolaeth fe ddywedodd Ishmael fy mod i'n fwy addas i yrru ar drac rasio nag ar ffordd gyhoeddus. A dyna golli fy nhrwydded am flwyddyn. Cadeirydd y Fainc oedd Mrs Treharne. Roedd honno'n fenyw i'w hofni. Fe ges i ddadl â hi am nad oedd hi'n fodlon gwrando ar yr achos yn Gymraeg. Ond chafodd hynny ddim effaith o gwbwl.

Weithiau fe gawn i fy nal ar gam. Fe ddigwyddodd un enghraifft o hynny ym mis Ebrill 1956. Roedd gen i gar

Sunbeam Rapier. Yn y dyddiau hynny, os oedd ganddoch chi gar a fedrai gyrraedd 65 milltir yr awr ar Riw Penglais, roedd ganddoch chi gar da. O gyrraedd top y rhiw doedd yna ddim gwaharddiad. Fe allech wasgu arni.

Un dydd rown i wedi troi'r distribiwtor nes bod yr injan yn dechre pinco rhyw ychydig. Mae'n rhaid fy mod i'n hitio'r cant wrth basio Dorglwyd. Fel arfer fe fyddwn i'n gyrru fyny Rhiw Penglais, troi am Benrhyn-coch a dod nôl drwy *Lovesgrove*. Ond y tro hwn fe wnes i dynnu plet o groesffordd Penrhyn-coch yn ôl am Bow Street ac ymlaen eto am Riw Penglais am y dre. Dyma gar heddlu'n dod i gyfarfod â fi. Stopiwyd fi, ac yn ei dystiolaeth fe dyngodd y plismon oedd yn gyrru fy mod i wedi mynd heibio iddo fyny Rhiw Bronglais ac wedi croesi llinellau gwyn dwbwl ger Dorglwyd. Roedd hyn yn gelwydd noeth. Dod i gyfarfod â fi wnaeth car yr heddlu. Yn y llys dirwywyd fi £75 – dim ond deg punt yr wythnos own i'n ei ennill – a chollais fy nhrwydded am dair blynedd. Y cyfan oherwydd gair plismon celwyddog.

Roedd Mam-gu bob amser yn credu mewn dial. Os câi rywun gam, fe wnâi Duw yn siŵr y caen nhw dalu'n ôl, medde Mam-gu. Roedd hi'n iawn yn yr achos hwn. Ddeufis ar ôl yr achos, bu farw Cadeirydd y Fainc – y dyn oedd wedi llyncu celwyddau'r heddlu – yn ei gar ar ei ffordd i'w wyliau. Ac am y plismon a fu'n gyfrifol am fy nwyn i'r llys, bu farw mab hwnnw yn 19eg oed ar ôl bod mewn parti.

Nid dyna ddiwedd y stori. Fe geisiodd yr heddwas gadw'r hanes am ei fab o'r papur newydd. Gwrthododd newyddiadurwr lleol wneud hynny. Cyn pen dim roedd y newyddiadurwr wedi colli ei drwydded am yrru gyda gormod o alcohol yn ei waed. Rwy'n siŵr hyd y dydd heddiw fod y plismon wedi dylanwadu ar ei ffrindiau yn y ffôrs i ddal y newyddiadurwr.

Llun o'r ddamwain a ges i a Mam ger Y Gors.

Oeddwn, roeddwn i'n euog o oryrru'n aml. Ond ches i ddim erioed ddamwain ddrwg, nac achosi unrhyw un arall i gael damwain chwaith. Yn wir, yr unig ddamwain o unrhyw fath ges i oedd pan hitiais i stand laeth yn y Gors. Mewn car *Hillman Minx* own i ac fe ddaeth Owen John o Bontrhydfendigaid i gyfarfod â fi mewn lori wartheg. Roedd Mam-gu gen i yn y car ac fe dorrodd hi bont ei hysgwydd. Yr unig dro arall oedd pan own i ar fotor-beic, ac fe hitiais i fuwch ym Mhenuwch a thorri fy ngarddwrn.

Fe fyddwn i'n mynd i wylio rasys motor-beics a rasys ceir. Yn ogystal ag Epynt fe fyddwn i'n mynd yn rheolaidd i Hawkstone Park ger Amwythig i wylio'r sgrambyls. Fe fydden ni'n mynd i Oulton Park wedyn i wylio rasys ffordd. Ac wrth gwrs i gyrsiau rasio ceir a motor-beics fel Aintree a Siverstone.

Yn y pum a'r chwedegau, motor-beics oedd y peth ffasiynol i'w gael. Roedd e'n symbol o statws, a phawb eisie bod yn James Dean. Ar nos Sadwrn byddai i fyny at ddwsin o fois ar eu motor-beics yn swancio y tu allan i'r stesion yn Aberystwyth. Byddai criwiau o fechgyn a merched ifanc yn crynhoi o'u cwmpas. Fe fydde un bachan, Jim Bray yn eistedd

Prom Aberystwyth – nefoedd y Pier ar y pen uchaf ac uffern y llys barn ar y gwaelod.

Donington Park Race Circuit April 1983

NCT

This is to Certify that

Mr C Evans

Completed several laps of the Donington Race circuit with the following drivers

Keke Rosberg – *1982 Formula One World Champion*
Jackie Stewart – *Three times Formula One World Champion*
Patrick Tambay *1983 Formula One Ferrari Team driver*
Derek Bell – *Three times winner of Le Mans*
Russell Brookes – *International Rally star*
Donald Heggie *Scottish Rally Champion*

GOODYEAR

Beic Greeves Dave Bickers, sydd gen i o hyd. A thystysgrif yn nodi i mi yrru yn Donnington Park.

ar ei fotor-beic y tu fas i'r stesion bob nos Sadwrn o chwech tan un ar ddeg. Motor-beic *Panther* oedd gydag e, ac am ryw reswm fydde fe byth yn gwisgo sanau. Fe fydde Tom a Moss Sedgwick – dau frawd – yno wedyn ar eu motor-beics. *Matchless* oedd gan rheiny. Ronnie John o Bontrhydfendigaid wedyn. *Norton* oedd gan Ronnie. Rwy'n cofio amdano fe'n hitio rêlings tŷ Bron Llan ar sgwâr Ystrad Meurig a chael ei daflu drwy'r drws ffenest ffrynt i mewn i'r parlwr. Yr unig anaf gafodd e oedd colli ei ddannedd blaen. Rwy'n cofio mynd gyda Ronnie John i Grand Prix Silverstone. Rown i'n dal yn llanc ifanc ac yn dal i weithio ar rownd laeth Wncwl Ernest. Roedd gen i gar *Ford Zodiac,* car wedi'i addasu gyda thri carbiwretor. Ar y ffordd, beth oedd o'm blaen i ond *Aston Martin.* Dyma gwrs, ac fe lwyddais i basio'r *Aston Martin.*

O'r rasys fe aethon ni ymlaen i dafarn Calthrop, canolfan boblogaidd i'r Cymry yn Llunden. Fe adewais i Ronnie a'i ffrindiau yno a mynd ymlaen i Fulham i weld hen ffrind, Morlais Hughes. Pan gyrhaeddais i nôl, roedd hi'n ffair. Ar

Yma ger hen orsaf rheilffordd Aberystwyth y byddai bois y motor-beics yn cwrdd ar nos Sadwrn

Sgwâr wledig Cnwch Coch, lle byddem yn tynnu egsôsts ein beics i greu sŵn.

ben bwrdd roedd ffrind i Ronnie, Alun Lewis yn arwain y canu. Yna fe aeth hi'n ffeit. Fe dynnodd Ronnie ei ddannedd gosod allan – rheiny oedd e wedi eu cael yn dilyn y ddamwain – ac fe hitiodd ryw Wyddel nes bod hwnnw ar ei din. Wn i ddim beth ddigwyddodd i Ronnie wedyn y noson honno. Ond nôl yr es i er mwyn mynd allan ar rownd laeth Wncwl Ernest erbyn pump o'r gloch y bore.

Rwy'n cofio wedyn dod nôl o Southampton gyda chyfaill, Dave Gallimore. O'n blaen ni ar y ffordd rhwng Henffordd a Cheintyn roedd tryc bach *Morris*. Roedd e'n symud yn rhyfeddol o gyflym. Dyma wasgu arni yn fy *Zodiac*, oedd ddim yn y cyflwr gorau ar y pryd, ond doedd dim gobaith pasio. Naw mis yn ddiweddarach rown i fyny yn Oulton Park. Yno fe welais i'r tryc bach. A dyma ddod i ddeall y gyfrinach. Ynddi roedd injan rasio *Coventry Climax*.

Ond motor-beics oedd y dileit mawr pan own i'n llanc. Un o'r motor-beics gorau fu gen i oedd *Douglas Mk5*, un glas. Yn y dyddiau hynny fe fyddwn i'n herio ambell un i ddod gen i ar y sgîl. Ger y Pier fydden ni'n aml, gyda chriw o gwmpas. Petai rhywun yn ddigon dwl i gytuno, fe fyddwn i'n mynd ag e fyny Rhiw Penglais, lawr am Dorglwyd ac am Gogerddan. Yno roedd rhaid croesi drwy'r afon. Sblash! Drwy'r dŵr yr awn i, yna draw i Lovesgrove a nôl at y Pier, a phwy bynnag fydde ar y sgîl yn crynu fel deilen. Ddim yn aml y byddai unrhyw un yn gofyn am ail daith.

Rown i mor ddwl ar fotor-beic fel mai anaml iawn y bydde unrhyw un yn ddigon mentrus i hyd yn oed eistedd ar y sgîl. Un prynhawn dydd Sul rown i'n methu'n lân cael unrhyw un i ddod gyda fi. Yna dyma Glyn o'r Trawsgoed yn dweud ei fod e'n fodlon mentro. Fel roedd Glyn yn codi ei goes i eistedd ar y sgîl fe wnes i yrru bant a'i adael e ar ei din ar y Prom.

Weithiau ar nos Sul, fe fydde criw ohonon ni'n crynhoi

Sgwâr Tregaron, lle byddai llawer o drafferthion rhyngom a'r Sarjiant lleol.

ger Cnwch Coch. Y tric wedyn fydde tynnu'r egsôsts yn rhydd a mynd fel cathod i gythrel fyny am Lanafan a nôl, a'n synau'n clecian dros y wlad am filltiroedd.

Fe fydde criwiau ohonon ni'n mynd yn rheolaidd ar ein motor-beics i steddfodau a gyrfeydd chwist gan wneud pob math o ddrygioni. Un noson rown i mewn gyrfa chwist yn Llanafan lle'r oedd Ficer y Bont, John Aubrey'n MC. A dyma Dic Bach o'r Bont – neu Dic Mawr i ni o'r tu allan – yn mynd ati i godi bympyr ôl y car a'i osod dros bympyr blaen y car oedd y tu ôl iddo, hen Vauxhall mawr Ellis Llwyncoed. Roedd Dic yn gawr o ddyn. Yna fe ryddhaodd frêc y car ôl. Fe startodd Aubrey ei gar a gyrru bant gyda char Ellis yn sownd y tu ôl i'w gar e, yn union fel tai e'n llusgo carafán.

I ni fois y motor beics roedd sŵn yn bwysig. Fe fydden ni'n addasu'r egsôsts drwy dynnu allan y baffls oedd yn cadw'r sŵn yn isel. Fe fydden ni'n mynd i ambell ddawns i Dregaron. Ac yno, fel y bydden ni'n cyrraedd fe fydde'r Sarjiant, Menai Jones yn ein cyhuddo ni o yrru'n rhy gyflym. Sut allai e wybod, a ninnau newydd gyrraedd y sgwâr? Fe wnaethon ni ddeall wedyn. Fe fydde plismon Llanilar, wrth i ni yrru drwodd, yn ffonio Menai i ddweud wrtho ein bod ni ar y ffordd. Fe allai e wedyn amseru ein siwrne ni wrth i ni gyrraedd y sgwâr.

Roedd yr un peth yn digwydd rhwng Bow Street a Thaly-bont. Plismon Tal-y-bont oedd Griffiths, a gâi ei adnabod gan bawb fel PC49. Nid cael ei enwi ar ôl y plismon hwnnw oedd ar y gyfres deledu wnaeth e. Dyna oedd ei rif go iawn e. Roedd ei dad yng nghyfraith yn byw yn Bow Street ac fe fydde hwnnw'n treulio llawer o'i amser yn eistedd ar fainc yn y pentre'n gwylio'r traffic. Os welai e rywun yn gyrru heb olau ôl fe fydde fe'n ffonio'i fab yng nghyfraith fel y gallai hwnnw eu stopio yn Nhal-y-bont. O'r herwydd fe'i bedyddiwyd e'n PC50.

Fe fydde'r heddlu yn Ffrainc yn defnyddio'r un tactegau. Wrth fynd drwy dollborth byddai tocyn yn cael ei stampio â'r amser priodol. Yn nes ymlaen ar y tollborth nesaf fe fydde'r heddlu'n medru amcangyfri o'r amser oedd wedi ei nodi ar y tocyn pa mor gyflym fyddai rhywun wedi gyrru.

Roedd motor-beics, ymhlith pobol ifanc, yn llawer mwy poblogaidd na cheir. Yn wir, ychydig o geir oedd yn y dre ddechrau'r pumdegau. Yn ein stryd ni, fi oedd yr unig un oedd â char. A phrin iawn y gwelwn i fenyw yn gyrru.

Fe welwyd newid mawr ganol y pumdegau pan ddechreuodd ceir ail-law ddod ar y farchnad. Fe gychwynnodd Jack Williams, bachan o ardal Rhydlewis a oedd â busnes yn Llunden, werthu ceir ail-law yn Aberystwyth. Fe fues i'n gyrru ceir i Jack. Bob dydd Sul fe fydde criw ohonon ni'n gyrru i Gaerloyw i gwrdd â chriw o Lunden a oedd yn gyrru ceir Jack lawr. Yno fe fydden ni'n cymryd drosodd a'u gyrru nhw weddill y ffordd i Aberystwyth. Yna, ar ddydd Llun yn y Lion Royal ar ben ucha'r Stryd Fawr fe gâi'r ceir eu gwerthu. Yn yr un modd fe fydde ceir o ardal Aber yn cael eu gyrru i Gaerloyw ac ymlaen i Lunden a'u gwerthu yno. Roedd ardaloedd fel Hornsey yn drwch o geir gyda rhifau'n cychwyn gydag EJ, sef rhag-lythrennau Sir Aberteifi.

O ddewis rhwng ceir a motor-beics, y motor-beics oedd

Yma y safai'r Lion Royal ar ben uchaf y Stryd Fawr lle byddai Jack Williams yn gwerthu ceir.

y cariad mawr. Ond pan gychwynnais i mewn busnes, fe gafodd y motor-beics lonydd. Wedi i fi briodi, roedd fy ngwraig hefyd yn fy annog byth a hefyd i roi'r gorau i'r motor-beics. Meddwl am fy iechyd oedd hi. A dyna wnes i yn y diwedd. Fe wnes i gallio, do. Hen bryd hefyd. Ond wnes i ddim erioed golli diddordeb ynddyn nhw.

Ar ben y ffordd

Ar ochr Mam-gu, roedd Mam yn un o un ar ddeg o blant, nifer o'r rheiny wedi cychwyn busnesau o ryw fath neu'i gilydd. Ond ar ochr fy nhad-cu, doedd ond dau, sef Mathew a Dai Nant-gwyn, Trisant.

Roedd nifer o deulu Mam mewn busnes, rhai – fel hi a Mam-gu – yn cadw lodjyrs, a'i brawd Ernest yn cadw siop a rhedeg rownd laeth yn Aberystwyth. Yn wir, fe fues i'n ei helpu ar ei rownd pan own i'n grwt, ac yn ddiweddarach hefyd. Ond y ddau fwyaf blaenllaw mewn busnes oedd dau arall o frodyr Mam, Fred a Sam. Roedden nhw'n ddau gymeriad arbennig hefyd ac yn adnabyddus drwy'r sir a thu hwnt. O'r brodyr, dim ond Mathew fuodd ddim mewn busnes. Fe fuodd e'n was ffarm i ddechre. Ar fysys *Crosville* fuodd Mathew am flynyddoedd wedyn fel condyctyr, ac ar ôl hynny fe fuodd e'n ofalwr yn Llyfrgell Ceredigion yn Aberystwyth.

Roedd ganddo fe stori ryfedd o'i gyfnod fel gwas ffarm. Roedd yna hen gredo yng nghefn gwlad fod heidiau o lygod mawr yn symud o le i le gan gael eu harwain gan lygoden wen. Roedd Mathew, a oedd yn was bach yn y ffarm nesaf, yn tystio iddo weld hyn yn digwydd. Un dydd fe sylwodd fod y llafur yn y cae'n symud yn donnau, er nad oedd yna ddim gwynt. Yna dyma fe'n gweld cannoedd o lygod mawr yn symud drwyddo tuag at ffarm arall gyfagos.

Fred oedd y cymeriad mwyaf. Fe fu fel Mathew, ar ôl gadael yr ysgol yn gweithio fel gwas bach ar ffarm yn Llanddewibrefi. Roedd e'n waith caled, a Fred allan yn helpu i aredig nes fydde hi'n tywyllu. Un noson, fe ddaeth plant y ffarm â phot o de a bara menyn a chaws iddo fe mewn basged. Fe gafodd Fred ddigon ar y sefyllfa. Fe daflodd e'r cyfan dros y berth ac fe ddihangodd adre. Aeth e byth yn ô i waith ffarm.

Ar waelod y rhiw ar Sgwâr Tyncelyn yr oedd Wncwl Sam yn gwerthu teiers.

Fe ymunodd â'r Awyrlu wedyn gan wasanaethu am ddeunaw mlynedd. Fe fu Fred yn dal i wisgo cap yr Awyrlu am flynyddoedd wedi iddo adael. Un nos fe wnaeth Mathew drefniant i gwrdd ag e ar sgwâr Tregaron. Fe yrrodd Mathew draw ar ei feic, ac o weld Fred, yn ei gap Awyrlu'n sefyll yno, dyma fe'n stopio y tu ôl iddo a rhoi slap ar ei gefn. Yn

Lle safai'r adeiladau hyn heddiw y safai gynt yr hen ffowndri. Mewn rhan ohono y cychwynnais i mewn busnes.

anffodus nid Fred oedd e ond Sarjiant Tregaron. Roedd hi'n adeg y Rhyfel, a'r blacowt mewn grym. Ac i Mathew, yn yr hanner tywyllwch roedd y Sarjiant yn debyg i Fred. Fe gwympodd y Sarjiant mewn sioc. Fe aed â Mathew i'r llys am hitio plismon, ond diolch i Owen Tai-hirion, oedd yn perthyn i ni ac yn eistedd ar y Fainc, fe ddaeth e'n rhydd.

Ar ôl gadael yr Awyrlu, fe fu Fred yn cadw siop gemydd am sbel yn Llunden, ef a'i wraig Doris cyn dod nôl i Sir Aberteifi i gadw siop debyg yn Northgate, Aberystwyth ac yn o y buodd e weddill ei oes, gyda'i fab, Cyril wedyn yn rhedeg y siop. Mae'r hen siop yno o hyd, wedi hen gau, ond heb newid dim o ddyddiau Fred a'i fab.

Roedd Fred yn gwerthu pob math o drugareddau. Ei siop ef, cyn belled ag y gwn i, oedd yr unig siop y tu allan i siop fferyllydd i werthu condoms. Yn aml, yn lle rhoi hanner coron o newid i ryw hen ffarmwr fe fydde Fred yn rhoi condom iddo fe, a hwnnw wrth adael yn edrych yn syn ar yr hyn oedd yn ei law. 'Shot' oedd Fred yn galw condom. Weithiau fe fydde disgyblion ysgol o Ardwyn yn galw, a chwestiwn Fred bob amser fydde, 'Odi chi isie shot, bois?'

Un dydd fe gerddodd gweinidog yr efengyl i mewn a gofyn i Fred pam yn y byd oedd e'n ymhél â'r fath bethe. Doedd gwerthu condoms ddim yn beth gweddus i'w wneud. 'Whare teg nawr,' medde Fred, 'oni bai amdana i, fe fydde poblogeth Aberystwyth yn ymestyn mas hyd hanner y môr!' Un dydd fe gerddodd rhyw gwsmer mewn i'r siop a gofyn i Fred faint o gondoms oedd mewn bocs, gan obeithio cael bargen. Dyma Fred yn ateb 'Dau ddwsin'.

'Dere â bocsed i fi, te,' medde'r ffermwr.

A dyma Fred yn dweud, 'Y tro nesa wnei di alw, os ei di drwy'r rhain i gyd, fydd dim rhaid i ti ddod mewn drwy'r drws. Fe alli di ddod mewn o tano!.'

Fe fydde arwydd yn ffenest siop Fred yn cyhoeddi: 'EARS PIERCED WHILE YOU WAIT'. Fe dorrodd dyllau yng nghlustiau miloedd o fenywod – a dynion ran hynny. Doedd ganddo fe ddim cymwysterau o gwbl ar gyfer y gwaith, ond wnaeth hynny ddim o'i atal. Ei gyngor i unrhyw fenyw fydde'n nerfus oedd, 'Cydiwch yn dynn rownd i fi, bach, a gwasgwch. Fe fyddwch chi'n iawn wedyn.'

Wncwl Fred a'i fab Cyril y tu allan i'w siop.

Un dydd roedd un o fyfyrwyr y Coleg Diwinyddol yn methu agor drws y siop. Ond ar ôl pwyso'n galed am sbel fe lwyddodd i wthio'i hun i mewn rhwng y drws a'r ffrâm. Roedd e'n meddwl mai'r oilcloth oedd wedi dal rhwng y llawr a gwaelod y drws. Ond na. Yn gorwedd yno, wedi llewygu, roedd menyw. Fe gamodd drosti. Ar lawr y siop, hefyd wedi llewygu roedd menyw arall. Roedd gwaed yn llifo o un o'i chlustiau. Yn plygu drosti, yn amlwg wedi torri twll yn y clust hwnnw roedd Fred. Pan welodd e'r myfyriwr dyma Fred yn cydio ym mowlen y gath ac yn taflu ei chynnwys i'r gornel. Roedd Monty'r cwrci yn byw a bod ar ben y cownter. A dyma Fred yn gweiddi ar y myfyriwr.

'Gloi!' medde fe, 'cer i nôl diferyn o ddŵr yn hon o'r siop drws nesa!'

Yna dyma fe'n newid ei feddwl.

'Na, aros funud,' medde fe. 'Tra bod hon yn anymwybodol, dyma gyfle i fi dorri twll yn y clust arall.'

A dyna wnaeth e, cyn i'r myfyriwr nôl dŵr o'r siop llysiau a ffrwythau drws nesa i Fred ei daflu dros wynebau'r ddwy fenyw i'w dadebru. Roedd y dŵr ymhell o fod yn lân gan fod bowlen Monty'r cwrci fel arfer yn drwch o fwyd cath.

Gwaelod Rhiw Penglais, a oedd yn arwain at ryddid gwastadeddau Dorglwyd.

Roedd Fred yn unigryw, a phobol yn dal i siarad amdano fe o hyd. Er ei fod e'n gymeriad brith, ef fydde'n trefnu pregethwyr ar gyfer Suliau yn y capel. Un dydd Sul, â'r pregethwr wedi methu â chadw at ei gyhoeddiad, fe gymerodd Fred y gwasanaeth ei hunan.

Byddai eisteddfod yn cael ei chynnal ym Mlaenpennal bob nos Nadolig, hynny yw, os na fydde dydd Nadolig yn disgyn ar ddydd Sul. Fe gynhaliwyd yr eisteddfod olaf yn 1966. Un flwyddyn, a Fred wedi cael llond ei fol o ginio Nadolig, dyma fe'n mynd i'r eisteddfod. Roedd y lle'n llawn, a Fred yn gorfod eistedd ym mhen blaen y capel yng nghanol criw o fenywod. Wrth i gystadleuydd sefyll yn y Sêt Fawr i ganu, a'r capel yn gwbl ddistaw, fe dorrodd Sam wynt nes bod y lle'n cratsian. Dyma fe'n troi at y menywod, gwên fach ddiniwed ar ei wyneb.

'Sori, ledis,' medde fe. 'Grefi'r ŵydd sydd ar fai!'

Roedd ganddo fe ewythr yn byw yn Llunden, John Arthur Hughes, brawd Mam-gu. Fe fydde hwnnw'n gwisgo'n drwsiadus iawn ac fe fydde monogram ar ei ddillad a'i hetiau o'r llythrennau, JAH. Fe fydde Fred yn cael dillad

Yma yr arferai Capel Seilo sefyll. Safai o flaen ein canolfan deiers bresennol.

ar ei ôl, â'r llythrennau JAH i'w gweld arnyn nhw. Fe fydde fe weithiau hefyd yn gwisgo 'plus fours', yn enwedig pan fydde fe'n cystadlu ar yr unawd mewn ambell steddfod. Roedd gan Fred ddywediadau pert. Weithiau, pan fydde fe'n cau'r siop dros ginio fe fydde fe'n dweud. 'Rwy'n mynd adre nawr i gâl ychydig o stwmp a goglas.' Fe fydde Mam-gu'n dweud yn aml, 'Jiw, jiw, rwi'n siŵr nad teulu ni sydd ei berchen e! Fe newidiodd rhywun e yn y crud!'

Wncwl Sam wnaeth etifeddu Esgair-hendy wedi i Tad-cu farw'n ifanc. Ac mae yna ffaith ryfeddol am Sam. Gydol ei fywyd, fel ffermwr ac wedyn fel gwerthwr teiers a batris, wnaeth e ddim erioed talu gymaint â cheiniog o dreth incwm nac yswiriant cenedlaethol. Fe hoffwn i fedru dweud hynny! I'r awdurdodau, doedd Sam ddim yn bod. Wnaeth e ddim ceisio'u goleuo nhw chwaith! Ond roedd e'n flaengar iawn. Ef oedd y cyntaf yn yr ardal i brynu tractor, hen *Fordson* melyn.

Fe werthodd Sam Esgair-hendy, ffarm 160 erw am tua £6,000 gan gadw un cae. Cyn pen dim roedd y perchennog newydd yn ei werthu ymlaen am £18,000. Fe aeth Sam ati wedyn i werthu oel, gan ehangu i gyflenwi deiers a batris.

Capel Blaenpennal, lle dioddefodd Wncwl Fred ar ôl bwyta grefi'r ŵydd.

Roedd hi'n anodd cael hyd i deiers bryd hynny ac fe ddechreuodd gyflenwi ffermwyr o'i gartref ger sgwâr Ty'n Celyn.

Er bod Sam am flynyddoedd wedi gwerthu teiers, doedd gan hynny ddim byd i'w wneud â'r ffaith i finne fynd ati i ddilyn yr un trywydd. Rown i wedi gadael y bragdy i weithio ar gynllun trydan Cwm Rheidol yn gyrru loris trymion. Mae hwn yn dal i fod y cynllun mwyaf o'i fath yng Nghymru a Lloegr. Pan ddaeth y gwaith hwnnw i ben yn 1962, fe fues i'n helpu Wncwl Ernest gyda'i rownd laeth unwaith eto. Erbyn hyn rown i wedi priodi â Myfanwy, neu Margaret, fel mae hi'n cael ei hadnabod gan bawb. Merch o Ddolanog yw hi. Roedd hi wedi dod i Aber i weithio. Mae Margaret yn dal i gadw lodjyrs gwely a brecwast, fel y gwnaeth Mam o'i blaen. Fedr hi ddim goddef bod yn segur.

Ar ôl rhoi'r gorau i fotor-beics fe wnes i droi fwy at ralïo. Er i fi yrru cryn dipyn, roedd gen i fwy o ddiddordeb yn y gweinyddu nag yn y gamp ei hunan ac fe wnes i ymuno â Chlwb Moduro Aberystwyth, gan ddod yn aelod o'r pwyllgor. Yn wir, rown i'n un o'r sefydlwyr. Mae e'n dal i fynd heddiw. Hwn yw'r clwb moduro hynaf yng

Clawr cylchgrawn Clwb Moduro Aberystwyth. Fi wnaeth gynllunio'r logo.

Nghanolbarth Cymru, wedi ei sefydlu yn 1956. Roedd gyda ni gylchgrawn misol, *The Steering Wheel,* a fi wnaeth gynllunio'r logo.

Fe ddaeth Aberystwyth, ac yn arbennig ffyrdd y fforestydd o gwmpas yn ganolfan bwysig i ralïo. Daeth ralïau fel y *Night Owl,* Tlws y *Cambrian News* a Thlws Garej Forge yn ddigwyddiadau rheolaidd, a chynhaliwyd digwyddiadau yn gysylltiedig â Chymdeithas Moduro Cymru heb sôn am ralïau Pencampwriaeth *Castrol* a *Motoring News* a'r *RAC Shell/Autosport* Prydeinig. Yn y 70au ymwelodd Rali FRAM Fitters â'r dref, a'r Lombard Rally droeon. Mae nifer o'r digwyddiadau'n dal i fynd, y *Night Owl,* Pencampwriaeth Ystwyth, *Castrol Rallyman* a'r *Castrol Autosport* yn eu plith.

Rwy'n teimlo fod clybiau moduro'n gwneud gwaith da. Nid hwyl y ralïo yn unig sy'n bwysig. Maen nhw'n gyfrwng hefyd i ddysgu pobl – yn enwedig pobl ifanc – i yrru'n gyfrifol a diogel. Roedd ganddon ni bobl amlwg yn swyddogion. Un o'r Is-Lywyddion yn y chwedegau oedd Innes Ireland, oedd yn byw ar y pryd ym Maesyfed. Fe fu'n cystadlu mewn rasys Fformiwla 1 i *Team Lotus.* Yn anffodus fe ddioddefodd anaf drwg yn Grand Prix Monaco yn 1961 ond daeth yn ôl i ennill tair Grand Prix arall, sef Solitude, Awstria a'r Taleithiau Unedig yn Watkins Glen.

Yn Llywydd bu Tysilio Jones o Ysgol Rheoli Llithro Cricieth. Fe wnaethon ni drefnu taith fyny i Gricieth i gael gwersi gyrru gydag e. Mae gwersi fel hyn gan arbenigwyr yn hollbwysig. Fe all rhywun, ar ôl pasio'r prawf gyrru, gredu eu bod nhw'n gwybod popeth. Ond camgymeriad mawr yw hynny. Pan fues i'n dysgu'r wraig i yrru fe wnes i bwysleisio wrthi am beidio byth â brecio ar gornel ond iddi, yn hytrach, wasgu ar y throtl. O wneud hynny, wnewch chi fyth droi drosodd ar dro. Rwy'n cofio mynd lawr i ffair Llambed ar fy meic *Sunbeam,* ffrind i fi'n gyrru a finne ar y sgil. Yn Felin-fach fe wnaeth e, ar dro, wasgu'r clytsh. Fe wnaethon ni lanio yn y clawdd. Ond heb gael anaf, diolch byth. Mae angen gyrru'n galed rownd i gornel, nid brecio.

Er gwaetha'r holl ofal, fe gollon ni un aelod ffyddlon o ganlyniad i ddamwain, nid yn ystod rali ond wrth baratoi'r noson cynt. Bryn Ebenezer oedd e, hen ffrind o'r un ardal â fi ym Mlaenpennal. Roedd e'n gyrru *Volkswagen 1200* llwyd, car oedd wedi bod yn llwyddiannus iawn iddo fe. Doedd e ddim wedi colli un cyfarfod erioed, ac ar noson y ddamwain, 21 Awst, 1965 roedd e wedi bod allan yn paratoi ar gyfer rali'r *Night Owl,* a phopeth wedi mynd yn dda. Gyrru nôl oedd e i Goginan i wneud yn siŵr fod popeth wedi ei glirio. Pan gyrhaeddais i, roedd Bryn wedi mynd i'r clawdd. Doedd yna fawr ddim difrod i'w weld i'r car, dim ond tolc yn y wing flaen. Doedd gwregysau achub ddim yn orfodol bryd hynny, ond rwy'n cofio fod yna rai ar werth yn y *People* am bum punt yr un. Roedd Bryn wedi prynu un. Hen bethe digon lletchwith oedd y rhai cyntaf hynny, yn weindio nôl ac ymlaen ar rîl. Doedd dim digon o le ganddo fe i osod y gwregys yn iawn, felly fe oedodd e cyn ei osod. Petai e wedi gosod y gwregys yn ei le, fe fydde fe wedi ei arbed.

Doedd Bryn ddim yn yrrwr caled. Ond roedd y ffordd yn wlyb, ac fe lithrodd y car a hitio polyn. Doedd dim un marc ar Bryn, ond fe wnaeth y trawiad achosi i ddrws y car agor, ac fe ddisgynnodd Bryn allan. Roedd hwn yn ddigwyddiad trist iawn yn hanes y clwb, ac yn waeth byth i'w deulu, wrth gwrs. Fy hoff weithgaredd i gyda'r clwb oedd trefnu helfeydd

Nifer o docynnau gwahanol rasys Fformiwla 1 y bum ynddynt mewn gwahanol rannau o'r byd.

trysor. Bob Dydd Gŵyl San Steffan fe fydde yna helfa drysor yn yr ardal. Rwy'n cofio gosod un dasg anodd i'r cystadleuwyr – cael hyd i ffyrling. Ond yn wir, fe wnaeth un o'r criw, Morlais Hughes lwyddo i gael un yn nhafarn Cross Inn, Ffair Rhos.

Ond y diddordeb mwyaf oedd mynd i rasys Grand Prix. Rwy wedi teithio iddyn nhw ledled y byd, o Tseina i America. Yn Tseina fe fues i yn Beijing a Shanghai. Yno fe ges i syndod o weld gwlad mor fodern a glân. Yn Watkins Glen fe welais i Jim Clarke a Jackie Stewart. Fe ges i bryd o fwyd unwaith gyda'r gyrrwr enwog Allan Jones pan wnes i aros ar y *Queen Mary* yn Long Beach, California. Fe fues i hefyd yn Rio de Janeiro. Yn ddiweddar fe fues i yn Penang ym Malasya lle'r oedd y gyrwyr yn aros yn yr un gwesty â fi. Rwy wedi aros yn yr un man â mecanics Red Bull fwy nag unwaith, yn cynnwys cyfnod yn Tsieina. Rwy wedi bod yng ngwahanol wledydd Ewrop ac yn Ne Affrica.

Un o'm harwyr mawr i yw Murray Walker, y sylwebydd rasio ceir. Yn y cyclchgrawn Motorsport News ym mis Awst

2001 fe wnaeth llythyrwr feirniadu'r syniad o enwi un o gornelu trac rasio ar ôl Murray. Doedd e ddim yn haeddu'r fraint, medde hwn. Fe wnes i ateb y llythyr yn y rhifyn nesaf o'r cylchgrawn. O ganlyniad fe wnes i dderbyn llythyr o ddiolch oddi wrth Murray. Ac fe ddaethon ni'n ffrindiau.

Fe fydda'i wrth fy modd yn teithio. Yn Japan fe wnes i deithio ar y 'Bullet Train', y trên cyflymaf yn y byd ar y pryd. Yn Tokio own i, pan enillodd Damon Hill y bencampwriaeth. Mae yna un cyflymach erbyn hyn, yn Shanghai. Fe fues i ar hwnnw hefyd ar daith o'r ddinas i'r maes awyr. Dim ond un ferch oedd yn ei ofal.

Fe lansiwyd y trên hwn, y Maglev – sy'n cael ei alw'n 'Shagnghai Magnetic Levitation Demonstration Operating Line' – yn 2004. Mae e'n rhedeg drwy fagnets ac mae e'n rhedeg o ganol y ddinas i Faes Awyr Pudong, gan gymryd wyth munud yn unig. Mae e'n cyrraedd cyflymdra o 268 milltir yr awr, er iddo adeg arbrawf gyrraedd 311 milltir yr awr.

Tra oedden ni yn Long Beach fe wnaeth fy ffrind Trevor Morgan hurio car. Fe wnes i osod baner Cymru arno. Roedd ras motor-beics newydd gael ei chynnal yno ac ar ôl tuag awr a hanner dyma ddau Gymro, o weld y faner, yn dod draw aton ni. Roedd un o Ferthyr a'r llall o Landeilo. Dyma fi'n troi at hwnnw a gofyn iddo a oedd e'n mwynhau ei wyliau. Oedd, medde fe.

'A hynny ar fy arian i!' medde fi.

Fe edrychodd arna'i braidd yn od. 'Sut hynny?' gofynnodd.

A dyma fi'n gofyn, 'A ges ti dy deiers o *Cambrian Tyres*, Aberystwyth?'

'Do', medde fe.

A dyma fi'n gofyn iddo fe, 'Wyt ti'n cofio fod arnat ti £640 i'r cwmni?'

Roedd e'n gegrwth. Ond rown i wedi ei adnabod. Fe

Llun a dynnais o James Hunt a Niki Lauda yn ras Fformiwla 1 Siapan yn 1996.

wnaeth bob math o esgusodion. Roedd e'n mynd drwy ysgariad, medde fe. Wedi i fi gyrraedd adre, fe gyrhaeddodd siec y bachan hefyd.

Yn Ne Affrica, fi oedd ar fy ngholled. Fe ges i fy mygio. Yn Johannesburg own i, yn aros yn yr *International Rand Hotel* am dros bythefnos ar gyfer gweld y Kylami Grand Prix. Fe es i allan am dro i gwrdd â'r wraig a gorfod cerdded ar ganol y stryd gan fod cymaint o bobol o gwmpas y lle. Yn sydyn dyma ddau ddyn yn gafael yn fy ngwar o'r tu ôl. Roedd un arall yn sefyll o'm mlaen i. Y peth cynta ddaeth i'm meddwl i oedd mai dau ffrind i fi, Ken Joel a John Ardwyn oedd yno. Dyna'r union beth fydde rheiny'n ei wneud. Ond na, dynion dieithr oedd y rhain. Llanciau tuag ugain oed. Fe aeth un ohonyn nhw i mhoced ôl i a dwyn fy walet. Ynddi roedd £190. Yn ffodus roedd y sieciau teithio a'r pasborts gyda Margaret. Doedd gan yr heddlu ddim diddordeb. 'O, mae hyn yn digwydd gydol yr amser,' medde un ohonyn nhw. Roedd y llall yn rhy brysur yn darllen comic i siarad â fi. Fe wnes i ddatganiad, ond er i fi ofyn droeon, ches i ddim copi.

Rown i mewn cwmni da. Yr un adeg fe wnaeth rhywrai ddwyn 90 Rand a watsh aur o boced tad Emerson Fittipaldi, y gyrrwr rasio Fformiwla 1 y tu allan i'w westy. Mae Jensen Button a Bernie Ecclestone wedi cael eu mygio hefyd yn eu tro.

Gyda Margaret a ffrind yn Ariannin yn paratoi am daith mewn hen gar.

Llun a dynnais o'r pencampwr Allan Jones gyda'i griw.

Mynd i fusnes

Fy mwriad cyntaf oedd mynd i fusnes gyda bachan arall o'r dre, Win Trepte a oedd yn rhedeg busnes ei hunan yn *Chalybeate Street* yn gwerthu cydrannau ceir. Roedd Win wedi aros yn Aberystwyth ar ôl treulio cyfnod yng Nghymru fel carcharor rhyfel. Roedd e wedi bod yn yr *Hitler Youth*, ac wedi cwrdd â Hitler ei hun. Wedyn bu'n aelod o'r *SS*, yn ymladd ar y Ffrynt Rwsiaidd. Bu'n ffodus iawn i ddod drwyddi'n fyw. Fe fydde'n dweud yn aml, petai ei gyd-filwyr yn sylweddoli sut oedd carcharorion Almaenig yn cael eu trin yng Nghymru, fe fydden nhw wedi ildio flynyddoedd cyn iddyn nhw wneud hynny.

O flaen fy nghartref yn Stryd Cambrian

Sgwrs gyda chyfaill

Cyfarfod Lyn i drafod hwn!

Priododd Win â merch o Fachynlleth a dechrau ei fusnes ei hun ar ôl gweithio am gyfnod i gwmni *Lucas*. Ar fferm yno roedd e'n gweithio wedi iddo gael ei ddal a'i anfon i Gymru. Roedd mab y ffarm yn ymladd draw yn Ffrainc a'i gatrawd ef wnaeth arestio Win. A dyna'i chi eironi. Tra roedd Win yn gweithio fel carcharor rhyfel ar y ffarm, roedd mab y ffarm allan yn brwydro yn Ffrainc.

Fe aeth Win a finne allan i'r Cyfandir droeon gyda'n gilydd. Rown i'n aelod o *BRSC*, sef y *British Racing Sportscar Club*. Fe aethon ni i weld ffatri *Ferrari* ac i sioe geir Turin. Y flwyddyn wedyn fe aethon ni i'r Almaen i ffatri *Porsche* ac i weld ras yn y Nurbergring lle'r enillwyd gan Vic Elford. Roedd e'n cael ei adnabod fel 'Quick Vic'. Roedd *Porsche* newydd ddechrau cynhyrchu ceir ar un lein yn y ffatri. Roedd modd archebu car ym Mhrydain, talu amdano a mynd allan i'r ffatri i ddewis yr union gar fyddech chi'n ei ffansïo. Roedden nhw'n ddrud, oedden. Pan brynais i *Ferrari Dino GT4* tri litr yn 1974 yn *Brandon Motors*, Coventry. Fe wnes i dalu £8,000. Heddiw fe fydde fe'n werth £45,000. Fe wnes i dalu mwy am blât cofrestru'r car na wnes i am lond tanc o betrol. Fe gostiodd y petrol £9.63. Roedd y plât yn ddegpunt.

Roedd Win wedi cael hawlfraint i werthu *Wynne's Oil*, cynnyrch Americanaidd. Oel iro oedd hwn, yn hytrach nag oel injan. Bu'n ymwneud hefyd â chwmni *Car Robes,* oedd yn cyflenwi gorchuddion seddi ceir. Yna dyma fe'n rhentu siop oddi wrth Mrs T. R. Jones am rent o ugain punt yr wythnos. Fe wnes i gynnig mynd i fusnes gydag e a siario'r rhent. Ond na, wnaeth pethe ddim gweithio.

Yn yr adeilad y tu ôl i mi y cychwynnais fy musnes gyntaf yn 1971.

Fe fyddwn i'n mynd lawer i'r Cyfandir yn y dyddiau hynny. Ewy'n cofio dod nôl o'r Swistir ar hyd ffordd osgoi Whitney ar yr A40 ac yn gwneud dros gant. Fe ges i fy nirwyo £100 a thri pwynt ar fy nhrwydded ond wnes i ddim colli fy nhrwydded. Yn dilyn yr achos fe wnes i dalu ar unwaith. Tawn i wedi darllen y ddogfen yn iawn fe fyddwn wedi gweld fod yna gamgymeriad arni. Roedd y Clerc wedi rhoi deg mlynedd i fi dalu. Tawn i wedi gweld y camgymeriad, fe fyddwn i wedi medru dod yn rhydd heb dalu o gwbl.

Rown i wedi cychwyn ar gytundeb gyda chwmni radios ceir *Javelin* a chwmni teiers *Marshall.* Bryd hynny, wrth gwrs, adnoddau ychwanegol oedd pethe fel radios a gwresogyddion mewn ceir. Fe ges i ddechreuad da. Fe fyddwn i'n ffitio tua hanner dwsin o radios bob penwythnos. Fe wnes i wedyn brynu fan fach Mini gan fynd o gwmpas modurdai i werthu'r radios bob dydd Mercher. Fe fyddwn i'n gadael y tŷ tua 6.30 yn y bore a mynd lawr mor bell â Chydweli, gan alw mewn wahanol fodurdai. Fe fyddwn i wedyn yn anelu am Lanfair ym Muallt, draw i Westbury ger Amwythig, draw i'r Bala ac yna nol i Aberystwyth. Y cyfan mewn diwrnod. Rown i'n gwneud cyflog wythnos mewn diwrnod.

Hen stordy oedd yr adeilad ar draws y stryd, sef 33 a 46 Stryd y Cambrian, yn union ar draws y ffordd o'm cartref. Roedd y bloc cyfan wedi bod yn safle ar gyfer *Green's Foundry*. Yno y cynhyrchwyd y pileri ar gyfer y Pier yn y dref yn 1896 ond fe fu tân mawr yno yn 1908. Fe fu'r rhan lle sefydlais i'r busnes wedi bod yn ganolfan *Hoskins and Miller*, neu'r 'Aberystwyth Enamelled Slate and Marble Works' fel y cai ei ddisgrifio ar ddechrau'r ganrif ddiwethaf. Am flynyddoedd bu'n berchen i'r Coleg cyn i ran helaeth ohono gael ei droi'n fflatiau.

I ddechrau fe wnes i ddefnydd ohono i gadw fy stwff. Yna fe wnes i gais am gael adeiladu golchfa ceir ynddo. Cyn i fi ei gael, cwmni *Teviotdale* oedd ag e, lle bydden nhw'n cadw cart a cheffyl a sachau o fflŵr. Ar un adeg fe fu yno bwmp petrol. Mae'r tanc petrol yn dal yno dan y ddaear. Roedd e wedi dod i ddwylo Phil Evans, perchennog *Ideal Bakery*. Heddiw, y *Furniture Cave* sydd yno. Yn ddiweddarach fe wnes i brynu adeilad arall *Ideal* lawr y stryd.

Fe aeth pethe mor brysur fel i fi orfod cyflogi bachan rhan amser, Keith Jones i ffitio'r radios. Fe wnes i werthu cannoedd ar gannoedd o setiau radio. Yna, wedi i fi fynd ati i ofyn am ganiatâd i osod golchfa ceir yno fe gododd dadl gyda'r Cyngor Sir dros eiriad swyddogol y disgrifiad o'r lle. Rown nhw'n teimlo y dylwn i orfod talu treth ar y lle fel garej lle'r oedd pobl yn gweithio. Ond roedd y lle wedi'i gofrestru fel stordy teiers. Ond ar ôl brwydr hir, fe adawodd y Cyngor lonydd i fi.

Hon, felly, sef *Cambrian Auto Care* oedd fy menter gyntaf nôl ym mis Chwefror 1971. Mae'r busnes, felly, yn ddeugain mlwydd oed. Mae'r hysbyseb cyntaf yn y *Cambrian News* gen i o hyd. Roedd e'n hyrwyddo *Javelin Electronics*. Fi oedd prif ddosbarthwr setiau radio a chwaraewyr wyth trac stereo'r cwmni gyda'r offer yn cael ei osod am ddim. Roedd y radio stereo wyth trac yn costio fyny

THE ABERYSTWYTH ENAMELLED SLATE & MARBLE WORKS,

ESTABLISHED 1865.

CAMBRIAN STREET, Aberystwyth, 22nd Dec 1905

Memo from HOSKING & MILLER,

MANUFACTURERS OF

ENAMELLED SLATE CHIMNEY PIECES, LAVATORIES, CISTERNS, URINALS, SIGNS

TABLETS AND FACIAS, AND EVERY DESCRIPTION OF SLATE WORK

SCULPTORS AND MONUMENTAL MASONS.

TERMS

CASES MUST BE RETURNED WITHIN TWO MONTHS IN GOOD CONDITION, OR PAID FOR.

78 *(above)* Hosking and Miller's works was at the corner of Cambrian Street and Brewer Street

Pennawd papur ysgrifennu yn dangos hen waith Hoskins & Miller.

I safle'r hen gapel hwn lawr y stryd y symudais wedyn.

o £39.40, radios dau fotwm yn dechrau am £18.40, radios pum botwn yn dechrau am £27.00 ac erials yn costio £2.28, neu £8.45 am rai otomatig.

Gyda'r hysbyseb roedd stori'n hybu'r busnes gan sôn am anghenion yr oes hon o dagfeydd traffig a rhwystredigaeth. I basio'r amser roedd yna yn awr radios tâp stereo ar y farchnad. Roedd y gwneuthurwyr, medde'r stori, yn hyderus y byddai'r ddyfais newydd hon yn cychwyn ar chwyldro drwy ddarparu miwsig-wrth-yrru. Byddai gyrru mewn car gyda'r fath fiwsig yn gyfystyr, medde'r stori, ag eistedd mewn neuadd gyngerdd symudol!

Rown i'n cynnig dwy set wahanol. Roedd y *Javelin 6011* yn cynnig pum botwm – tri ar gyfer y donfedd ganol a dau ar gyfer y donfedd hir ac roedd modd gosod y rhaglen rhag blaen. Roedd gofyn gwasgu botymau'r *Javelin 5011,* ac roedd iddi ddau uchelseinydd. Do, fe gefais i ymateb da gydag elw ar bob set o rhwng 25 a 30 y cant.

O ran teiers, fe wnes i gychwyn drwy werthu teiers wedi eu prynu o *Marshall* o'r Drenewydd, sef cyflenwyr ar ran *National Tyres*. Doedd *ATS* ddim yn bod bryd hynny. Yn wir, dim ond fi a *National Tyres* oedd yn cyflenwi teiers yn y dre. Roedd gan *Marshall* ganolfan yng Nghoedlan y Parc yma yn Aber. Wedyn fe wnes i ddelio â chwmni teiers *Sempret,* cwmni o Awstria. Roedd y farchnad yn gwbl agored ar y pryd. Yn wir, roedd hi'n anodd canfod unrhyw gwmni lleol oedd yn cyflenwi teiers. Roedd hi'n amhosib cael teiers oddi wrth y gwneuthurwyr. Doedden nhw ddim am wybod. Fe lwyddais hefyd i ffeindio cwmni yn Clifton ger Bryste. Heddiw mae'r farchnad yn gwbl agored ond y gystadleuaeth yn un ffyrnig. Anfantais arall oedd yr anhawster i gael cownt gydag unrhyw gwmni teiers.

Fe fydde'r cyflenwadau'n cyrraedd ddwywaith yr wythnos, gyda'r fen yn galw mewn modurdai ar y ffordd draw o'r Drenewydd. Nid bod llawer o fodurdai'n gwerthu

Yn y ganolfan bresennol, gyda char yn cael sylw.

Rhes o gapiau gwahanol gwmnïau teiers.

teiers. Rown i'n ffitio teiers yn ogystal â'u gwerthu nhw allan ac yn cadw stoc o ddau neu dri chant. Bryd hynny roedd amrywiaeth teiers, o ran maint, yn fach iawn. Dim ond tua deg ar hugain oedd yn bod. Heddiw mae yna gannoedd o wahanol fathau ac o faint. Roedd e'n waith dyddiol, ar wahan i bob prynhawn dydd Mercher, pan fyddwn i'n canolbwyntio ar y radios.

Fe newidiodd pethe pan ddechreuodd broceriaid ddod i'r busnes. Ond roedd hi'n dal yn anodd. Ar raddfa fach wnes i ddechre gyda throsiant y blynyddoedd cynnar ddim mwy na dwy neu dair mil o bunnau'r flwyddyn.

Doedd dim rhaid prynu teiers newydd, wrth gwrs. Roedd adnewyddu hen deiers treuliedig yn fusnes fawr, sef y 're-treads'. Roedd rheiny tua phum punt yn rhatach. Roedden nhw'n iawn i rywun nad oedd yn gyrru rhyw bellteroedd mawr ond doedden nhw ddim yn para'n hir. Erbyn hyn mae'r cwmniau adnewyddu wedi sychu lan bron yn llwyr. Ar gyfartaledd fe fyddai teier newydd cyffredin, pan ddechreuais i, yn costio tua £15. Maen nhw wedi treblu yn eu prisiau erbyn hyn. Mae gwneuthriad teiers wedi newid hefyd. Gynt, teiers wedi eu llunio a wahanol decstilau oedden nhw. Roedd teiers 'cross-plies, rhai tenau iawn yn boblogaidd gynt. Mae rheiny wedi diflannu'n llwyr o'r farchnad erbyn hyn. Nawr mae dur yn rhan anhepgor o bob teier.

Busnes un-dyn fu gen i am flynyddoedd. Wedyn, wrth i'r meibion adael yr ysgol fe wnaethon nhw – Brian a Neville – ymuno â fi. Er mwyn cychwyn y busnes fe ges i fenthyg £5,000 gan y banc. Bob blwyddyn wedyn, yn ddieithriad, fe gododd yr elw. Doedd benthyca arian gan y banc ddim yn broblem o gwbwl. Fe wnes i godi benthyciad at brynu tŷ wedyn.. Heddiw mae e'n werth tua £300,000. Fflat yn nhŷ Mam oedd gen i nes i fi briodi. Roedd y dyn drws nesa wrthi'n golchi ei *Hillman Husky* un dydd Sul pan

Dau o nifer fawr o wahanol luniau prin o geir sydd yn fy nghasgliad.

ddiwgyddodd e ddweud ei fod e'n bwriadu symud i swydd arall yn Llanelli. Fe ofynnais iddo faint oedd e'n moyn am y tŷ. Roedd e'n gofyn £1,800. A dyma daro bargen yn y man a'r lle. Fe ges i £200 gan Mam a £1,600 o'r banc. Mae gen i bellach dri thŷ o fewn llathenni i'w gilydd. Ac ar draws y ffordd i'r tai roedd y busnes. Yna, pan brynais i'r ail le lawr y stryd, fe wnes i brynu tŷ arall drws nesaf i'r busnes. Mae'r wraig yn rhedeg tri ohonyn nhw fel tai gwely a brecwast ac mae ganddon ni fyfyrwyr yn y pedwerydd tŷ.

Fe wnes i ddechrau busnes heb unrhyw ail-feddwl. Bob tro fyddai syniad newydd yn dod, fe fyddwn i'n mynd at y banc ac yn cael benthyciad heb unrhyw drafferth. Chefais i ddim erioed fy ngalw i mewn gan y banc oherwydd perygl o fethu â thalu. O'r dechre rwy wedi bod yn gwsmer ffyddlon i Fanc Lloyds, ac wedi cael gwasanaeth da.

Ar ôl tua deng mlynedd fe wnaeth y fusnes ehangu cymaint fel y bu'n rhaid symud i le mwy lawr y ffordd. Roedd y busnes yn tyfu o flwyddyn i flwyddyn a dim digon o le. *Ideal Bakery* oedd biau rhan o hwn eto ond bod y rhan flaen yn garej. Hen gapel oedd e'n wreiddiol, Capel Siloam, yr ail gapel Wesleuaidd i'w godi yn y dref yn 1869. Roedd yno le i dri chant o addolwyr. Roedd y llall yn Stryd y Frenhines. Fe brynais i'r adeilad am £35,000, ac yna prynu'r tŷ drws nesa a'r becws er mwyn sicrhau mynedfa i'r cefn.

Erbyn hyn rown i'n cyflenwi modurdai a theiers. A dyma'r newid mwyaf – troi o fod yn fanwerthwyr teiers i fod yn gyflenwyr i werthwyr. Fi wnaeth ddechrau cyflenwi garej Huw Lewis yn Nhre'r-ddôl, er enghraifft. Fe ehangodd hyn, ac roedd gen i ddalgylch wedyn o Lantwymyn i lawr hyd at Danygroes ger Aberteifi.

Unwaith eto fe dyfodd y busnes yn rhy fawr i'r safle, a finne erbyn hyn yn cyflogi tua phymtheg o weithwyr. Bu'n rhaid chwilio am safle mwy o faint.

Casglu a noddi

Mae ganddon ni enwau mawr ar ein llyfrau yn cynnwys y bencampwraig Olympaidd Nicole Cook o Fro Morgannwg. Mae cwmni teiers *Continental* wedi bod yn noddi'r bencampwraig 27 oed, a enillodd y bencampwriaeth rasio ffordd Olympaidd yn 2008. Bu'n rasio i *Halfords* ac i *Vision 1* cyn hynny. Mae hi wedi ennill y bencampwriaeth Brydeinig ddeg gwaith, y tro cyntaf pan nad oedd hi ond yn 16 oed. Fe anrhydeddwyd hi â'r MBE yn 2009.

Ar un adeg roedd Nicole yn gorfod defnyddio'r teiers yn ôl dymuniad y cwmni rasio. Ond doedd hi ddim yn hapus â'r rheiny. Fe ffoniodd hi ni i ofyn a fydden ni'n medru helpu. Fel oedd hi'n digwydd roedd ganddon ni stoc eisoes ar gyfer tîm rasio'r Almaen, felly roedd y teiers gyda hi o fewn dim o dro. Felly, pan enillodd hi fedal aur y Mabolgampau Olympaidd, fe wnaeth hi hynny ar ein teiers ni. Fe wnaeth hi anfon llun yn ogystal â chrys i ni wedi eu harwyddo fel diolch.

Ein teiers ni hefyd ddefnyddiwyd gan Chris Boardman, enillydd medal aur ym Mabolgampau Olympaidd 1992 ar ei feic Lotus. Ef yw'r seiclwr mwyaf llwyddiannus mewn hanes. Fe fu'n rhaid iddo fe roi'r gorau i rasio gan iddo ddioddef o osteoporosis.

Ein teiers ni hefyd oedd ar y beic *Lola,* a ddefnyddiwyd gan Bruce Bursford. Yn gyfangwbl, fe dorrodd hwnnw naw record byd gan gyrraedd 208 milltir yr awr yn 1996, y cyflymdra uchaf erioed i'w gyrraedd ar feic. Yn anffodus fe'i lladdwyd mewn damwain pan oedd e'n ymarfer ag yntau ond yn 41 oed.

Pencampwyr eraill sy'n cael eu teiers *Continental* oddi wrthom ni yw'r chwiorydd Gee a Rachel Atherton, Mark Cavendish a Cadel Evans. Fe fedrai fostio hefyd i fi, am gyfnod hir, werthu teiers i Frank Williams, sefydlydd y cwmni rasio ceir enwog *Frank WilliamsF1* yn Fformiwla 1. Nid ar gyfer un o'i geir, yn anffodus, y gwnes i eu gwerthu ond ar gyfer ei gadair olwyn. Mae e'n gaeth i gadair olwyn ers iddo ddioddef damwain car yn 1986.

Enw mawr arall sy'n gysylltiedig â *Cambrian Tyres* yw'r digrifwr Billy Connolly. Mae Billy'n cael ei gydnabod fel y comedïwr doniolaf a mwyaf gwreiddiol yn y byd. Mae e wedi ffilmio aml i daith ar ei fotor-beic tair olwyn. Teithiodd drwy wledydd Prydain, Seland Newydd, Awstralia ac, yn ddiweddar, America.

Ar un adeg, arbenigwr o'r Bontnewydd ar Wy oedd yn cyflenwi olwynion ar gyfer cerbyd Billy. Fe'i cafodd hi'n anodd ffeindio teiers addas iddo fe, ac aton ni y daeth e. Fe wnaethon ni ganfod y teiers iawn iddo ar unwaith.

Ni hefyd wnaeth gyflenwi teiers i Ewan McGregor a Charley Boorman ar gyfer eu rhaglen daith '*The Long Way Down*' yn 2004. Taith oedd hon o Lunden i Ganada drwy Rwsia ac America. Y teiers a ddefnyddiwyd gan y ddau ar eu motor-beics *BMW* oedd *Continental TKC 80*. Mae'n debyg fod un set wedi para 12,000 milltir iddyn nhw, a hynny'n aml ar ffyrdd gwael. Yn ogystal â darparu deunaw set o deiers iddyn nhw, ni hefyd wnaeth roi'r beic i'r ddau ar gyfer eu taith gyntaf. Mae Neville y mab ar delerau da â *BMW* ac fe gafodd e'r beics ym Mhen-y-bont ar Ogwr. Dair blynedd yn ddiweddarach fe aethon nhw ar daith debyg o John O'Groats i Cape Town, '*The Long Way Round*'.

Un arall sydd wedi defnyddio llawer iawn o'n teiers ni yw Nick Sanders, sy'n awdur ac sy'n cymryd rhan mewn pob math o gampau eithafol. Mae e wedi teithio rownd y byd saith gwaith ar fotor-beics, a hynny bedair gwaith ar ein teiers ni, wedi eu gosod ar ei *Yamaha R1*. Mae Nick bellach yn byw yn Nhy'n Twll, Abercegir ac yn galw yma'n aml. Ry'n ni wedi ei noddi ar amryw o'i deithiau.

Enghreifftiau o wahanol geir a motor-beics sy'n addurno'r ganolfan deiers.

Nick Sanders, sydd wedi teithio'r byd ar ein teiers ni.

O'i dair taith cyntaf ar *Yamaha* fe gyhoeddodd e DVD. Ar ei daith gyntaf fe deithiodd ar draws Ewrop a'r Dwyrain Canol ac ar draws Diffeithwch Nubia yn y Swdan. Ar yr ail daith, ail-gychwynnodd yn y Swdan ar draws Ethiopia a Diffeithwch Dida Galgalu yng Ngogledd Kenya a lawr i Cape Town. Ar y drydedd daith aeth o Singapore ar draws Malaya, draw i Awstralia i Sydney. Yna croesodd i Buenos Aires drwy'r Ariannin a Bolivia, Chile, Equador, Peru a Colombia cyn croesi drwy Fecsico i'r Taleithiau Unedig. Fe ffilmiodd e'r cyfan ar ei ben ei hun, ac mae hanes ei daith olaf, dros 35,000 milltir drwy 41 o wledydd a hynny am ddeuddeg awr y dydd yn ei gyfrol *Parallel World*. Yn y gyfrol honno mae e'n dweud fod reido ar deiers newydd fel cerdded ar sgidiau â gwadnau newydd. Yn ogystal â chyflenwi ei deiers, fe wnaethon ni hefyd ei noddi â deg mil o bunnau.

Fe ddilynodd e'r gyfrol honno gyda *Parallel Coast*, hanes taith 4,000 o filltiroedd o Norfolk i Sussex, drwy Gymru a fyny i Ucheldir yr Alban. Fe deithiodd e hanner y siwrne ar *Yamaha 2009 R1* a'r ail hanner ar *2007 R1*. Dilyn yr arfordir wnaeth e gan gymryd ambell i dro i mewn i'r tir mawr. Fe deithiodd yng Nghymru o Gasnewydd, Y Barri a Phen-y-bont ar Ogwr gan alw ym Merthyr Tudful. Yna yn ôl am

Borthcawl a Phorth Talbot. Gyrrodd ymlaen am Aberaeron ac Aberystwyth.

Mae e'n rhoi llawer o sylw i ardal Aberystwyth yn y gyfrol gan sôn am y castell, y Llyfrgell Genedlaethol a chwedlau am Gors Fochno a Chantre'r Gwaelod. O Aberystwyth mae e'n mynd i'r Borth ac ymlaen i Fachynlleth a Phennal. Yna mae e'n dilyn yr arfordir drwy Aberdyfi i Dywyn a dros y bont doll sy'n croesi'r afon Mawddach a galw yn Nolgellau cyn troi'n ôl am y Bermo ac ymlaen i Harlech a Phorthmadog.

Wrth ddilyn arfordir y gogledd mae e'n aros yn y Rhyl cyn mynd ymlaen am Brestatyn a thros y ffin cyn diflannu drwy dwnnel y Mersi. Mae dwsinau o luniau o lefydd diddorol ar hyd arfordir Cymru yn y gyfrol. Ac ie, ar ein teiers ni wnaeth e'r holl daith.

Yn ogystal â reido motor-beics mae Nick hefyd yn seiclo, yn hedfan mewn balŵns ac yn rasio cychod. Mae e'n awdur hanner dwsin o lyfrau, yn cynnwys un ar Rali Dakar.

Mae galw mawr amdanom fel noddwyr. Ni yw noddwyr swyddogol Clwb Pêl-droed Aberystwyth ers blynyddoedd, gan gyfrannu deg mil ar hugain y flwyddyn. Dros y blynyddoedd mae'r clwb wedi derbyn miloedd ar filoedd o bunnau. Neville y mab yw Llywydd y clwb. Ni hefyd yw noddwyr swyddogol Cynghrair Pêl-droed Aberystwyth a'r Cylch, sy'n cael ei adnabod fel *Cynghrair Cambrian Tyres*.

Dros y blynyddoedd rwy wedi prynu ambell i eitem ddiddorol. Uwchben y ganolfan, er enghraifft, mae ganddon ni replica o gar *Ferrari* Fformiwla 1 Nigel Mansell o ddiwedd yr wythdegau.

Un o'r eitemau gorau i fi ei brynu erioed oedd motor-beic *Vincent Black Shadow* 1952. Roedd yn un un o dri motor-beic wnes i eu gwerthu'n ddiweddarach er mwyn codi arian i dalu bil treth enillion cyfalaf. Fe ges i dros drigain mil o bunnau amdanyn nhw. Yn ogystal â'r *Black Shadow* fe werthais i hefyd *Rapide* a *Meteor 500.*

Mae'r *Vincent* wedi bod erioed yn gyfystyr â chynllunio da, perffeithrwydd o ran peirianwaith, a pherfformio ar lefel uchel. Roedd y *Black Shadow* brynais i yn werth dros ddeg mil ar hugain o bunnau ac yn medru cyrraedd cyflymdra o 120 milltir yr awr, hynny ar adeg pan mai tua 70 milltir yr awr oedd cyflymdra uchaf car cyffredin. Roedd yr un brynais i yn rhan o Gyfres C ac wedi ei ail-adeiladu yn Virginia yn y Taleithiau Unedig. Allai'r un beic arall ddim cystadlu gydag e ar y ffordd fawr.

Gyda fi o hyd mae *Royal Enfield Bullet,* hen fotor-beic John Lewis o Raeadr Gwy. Roedd John yn aelod o dîm Endiwro Cymru. Fe'i prynwyd e'n wreiddiol o'r *Auto Palace* yn Llandrindod. Fe enillodd John fedal aur arno yn yr Almaen. Gyda fi o hyd hefyd mae un o fotor-beics Dave Bickers. Ef oedd un o yrwyr mwyaf llwyddiannus moto cross yn y chwedegau gyda Jeff Smith a Vic Eastwood, ac fe enillodd bencampwriaeth Ewrop ddwywaith yn olynol. Fe enillodd y *Greeves* sydd gen i nifer o rasys iddo yn 1961 wrth iddo gipio'r bencampwriaeth. Fe'i defnyddiwyd hefyd fel sail i feics Bickers dros dymor 1962. Mae gen i *Ariel 1932* hefyd. Yn 1932 ges i fy ngeni. Fe wnes i ei brynu am ychydig gannoedd o bunnau. Heddiw mae e'n werth dwy neu dair mil o bunnau.

Un o'r cerbydau mwyaf diddorol i fi ei brynu erioed oedd car *Rover Tourer* lliw llwyd a du ac olwynion coch gyda dwy sedd dickey, car a gofrestrwyd ar 10 Ionawr 1913. Roedd e'n 12 marchnerth gydag injan 2298 cc, a chanddo injan bedwar silindr hynod o fawr. Roedd iddo fe dair gêr ac fe wnâi ddeng milltir i'r galwyn o betrol.

Roedd e'n mynd dan y morthwyl yn arwerthiant Bonhams yn Knightsbridge, Llunden ddechrau 2005. Wyddwn i ddim byd am werthiant y car nes i John Meredith o Radio Cymru fy ffonio i ddweud fod gan y car gysylltiadau cryf ag Aberystwyth. Roedd e wedi ei gofrestru'n wreiddiol i John William Patrick Parry o Fanc y *National Provincial* yn y dre. Roedd y llyfr cofrestru'n dangos ei fod e wedyn, yn 1921, wedi bod yn berchen i Daniel Lewis Jones, Moelifor, Llanrhystud. Cadarnhawyd hyn gan nai iddo, Idwal Jones o Landdeiniol. Roedd ei ewythr, medde fe, wedi mynd ar ei fis mêl gyda'i wraig Jenny (gynt o Lanfarian) a oedd yn un o Gymry Llunden yn y car yn 1922, ac wedi ei berchen am ddeg mlynedd ar hugain. Mae'n debyg fod Jenny yn bianydd, actores ac yn artist o fri. Rhif gwreiddiol y car oedd EJ 136, ond yn anffodus doedd y plât cofrestru ddim yn dod gyda'r car. Roedd y rhif hwnnw erbyn hynny ar gar *Oldsmobile* 1904. Ei rif erbyn hynny oedd SV 9982.

Fe allai Idwal gofio fod y car wedi cael ei lusgo o gysgod perth, lle'r oedd e wedi bod yn cysgodi am flynyddoedd tan ddiwedd y pumdegau ar ôl cael ei ddefnyddio fel tractor. Treuliodd weddill ei oes wedi ei adnewyddu mewn arddangosfa yn Lanllieni cyn iddo gael ei brynu gan gasglwr o Swydd Hertford yn 1983, ac erbyn 2002 roedd e wedi ei adfer yn llwyr. Yn ffodus roedd cap y rheiddiadur pres, ar ffurf pen *Viking* arno o hyd yn ogystal â'r hen lampau acetylyne a'r llyfr log yn dal yn gyfan. Cyn iddo gael ei symud a'i adfer, roedd e wedi ei gofrestru am y tro olaf yn 1936.

Roedd hwn yn gar arbennig, y math a gai ei ddefnyddio fel cerbyd staff gan swyddogion byddin Prydain yn y Rhyfel Mawr. Ei gyflymdra uchaf oedd pum milltir ar hugain yr awr. Yn amlwg roedd e'n un o'r ceir cyntaf erioed i'w ddefnyddio yn ardal Aberystwyth.

Mae'r car gen i o hyd, ac rwy wedi ei ddangos mewn gwahanol sioeau. Yn Sioe Amaethyddol Aberystwyth adeg haf 2005, dyna brofiad hyfryd oedd gweld John Jones o'r Dderwen Gam, yn 84 oed, yn eistedd ynddo ac yn cofio bod yn yr union gar pan oedd e'n ifanc. Pan glywais gan John

Meredith am y car, roedd yn rhaid i fi ei berchnogi. Hwn, wedi'r cyfan, oedd y car hynaf o'r dre oedd yn bodoli. Ac ar ôl bod yn alltud am dros hanner canrif, roedd cyfle i ddod ag e adre. Ac fe lwyddais i'w brynu dros y ffôn am £16,000, yr amcan bris isaf. Rown i'n teimlo'n falch i fi lwyddo i achub rhywbeth oedd yn rhan o hen dref Aberystwyth. Yma oedd ei le.

Mae'n debyg mai'r eitem fwyaf annisgwyl sydd gen i yw peiriant torri gwair Jenson Button. Fe lwyddais i'w gael yn dilyn ras peiriannau torri gwair a enillwyd gan Button yn y *Festival of Speed* yn Goodwood. Does gen i ddim syniad beth yw ei werth.

O ran casglu offer a dillad chwaraeon, nofis ydw i. Neville, y mab ieuengaf sydd â'r diddordeb mwyaf. Ymhlith ei gasgliad mae un o grysau Pele, a wisgwyd ganddo yn un o gemau cynderfynol Cwpan y Byd. Mae ganddo fe hefyd yr union bêl a ddefnyddiwyd ym mhencampwriaeth gyntaf Cwpan y Byd ym Montevideo yn 1930. Mae ei gasgliad cyfan yn cynnwys pedair mil o eitemau, tua deuddeg cant ohonynt yn gapiau rhyngwladol.

Mae e wedi llwyddo i brynu casgliadau chwaraewyr o Dai Davies i Bobby Moore. Mae ganddo fe lawer o ddeunydd George Best wedyn. Nid bod y cyfan gydag e yn Aberystwyth. Fe fenthycodd e bump ar hugain o eitemau i'r Llyfrgell Genedlaethol ar gyfer arddangosfa ar arwyr pêl-droed Cymru. Mae e wedi bod yn casglu er pan odd e'n grwt ifanc tua deuddeg oed. Ymhlith yr eitemau a fenthycodd i'r Llyfrgell Genedlaethol roedd medalau Cliff Jones, asgellwr Cymru a Spurs a enillodd 59 o gapiau ac a enillodd fedalau'r Dwbwl gyda Spurs yn y pumdegau. Mae'r ddwy fedal hynny'n rhai aur ac yn werth rhwng pum mil ar hugain a deng mil ar hugain o bunnau.

Gydag e hefyd mae crys Fred Keenor, Capten Cymru pan gollwyd 2 – 3 i Loeger yn Abertawe yn 1928. Bryd

Fi a'r Dr John Kershaw yn yr hen Rover a brynais.

Vincent Black Shadow, sef Rolls Royce y byd motor-beics a fu yn fy meddiant.

366
1952 Vincent 998cc Black Shadow
Frame no. RC10483B/C
Engine no. F10AB/1B/8583

"Well into the 1960s and even today, when it is wrapped in a mystique carefully cultivated by thousands of fanatically enthusiastic owners, the big Vincent retained that commanding air about it when you met one on the road, and many a rider of avowedly super-sporting machinery would be humiliated by having some much older Black Shadow come past at the canter..." L J K Setright.

Setright was writing in the 1970s, but what he said about the Vincent v-twin, and the Black Shadow in particular, remains every bit as true today. Ever since the Series A's arrival in 1937, the Vincent v-twin has been synonymous with design innovation, engineering excellence and superlative high performance. The appeal of the Vincent, and the 120mph-plus Black Shadow in particular, lay in its ability to out-perform just about every other vehicle on the road, and in the early post-war years there was nothing to compare with it. This was a time when the average family saloon was barely capable of reaching 70mph, and not until the advent of Jaguar's XK120 was there a production sportscar that could live with the thundering v-twin from Stevenage.

The vendor advises us that this Series C Black Shadow underwent a full 'ground up' restoration in the USA in 1994, the engine being rebuilt by Mike Parti, who has carried out engine building and restoration work for comedian Jay Leno, and the machine assembled and finished by another restorer, the late Dick Hurley. Presented in 'excellent to mint' condition, having seen very little use since completion, it is sorted and runs very well, and could be ridden every day or [illegible] pride of place in a collection. Offered with State of Virginia title deed.
£32,000 36,000

ABERYSTWYTH TOWN'S 125TH ANNIVERSARY GALA DINNER

Pele signs for Aber

by Cambrian News Reporter

BRAZILIAN legend Pele, arguably the World's greatest ever footballer, has joined a host of celebrities in signing an Aberystwyth shirt, for auction at the club's 125th Anniversary Gala Dinner on Friday.

The Ceredigion club, which began its celebrations with a friendly match against a Liverpool XI, watched by 1,500 people last month, has secured the signatures of a host of celebrities, ahead of the keenly-awaited gala dinner at Llety Parc Hotel.

Pele, who is a roving ambassador for the game, signed two shirts, wishing Aberystwyth Town a successful 125th season.

The shirts will be auctioned at the dinner, with another one as a raffle prize.

Vice Chairman David Evans quipped: "I could only have been happier if the great man's signature was on a Welsh Premier League registration form. I would like to thank Neville Evans, our club sponsor for organising the signing of these shirts."

Meanwhile Board Chairman Tony Bates, who has been a long-standing friend of singer Robert Plant of Led Zeppelin, has managed to get the rock legend to sign the limited edition book that accompanied the performance at the 02 Arena gig last year.

Along with signatures by band members Jimmy Page and John Paul Jones, this too is a unique piece of memorabilia being auctioned to raise funds for the club.

Robert fondly remembers his visit to the club's Park Avenue stadium, when he attended a friendly match between Aber and his beloved Wolverhampton Wanderers

Football legend Pele is pictured with the signed Aberystwyth Town football shirt.

happy to oblige, as was former Manchester United and England great Paul Ince.

Meanwhile film and television icons Michael Palin and Terry Jones, of Monty Python, also signed an Aberystwyth shirt when they recently visited Aberystwyth

and comedian Stan Boardman, along with MC for the evening Ollie Hides, it should be a star-studded night in Aberystwyth.

Anyone wishing to make a bid for any of the memorabilia should contact David Evans on davidte@btinternet.com or visit

Stori bapur newydd am Neville, y mab yn sicrhau crys Pele i Glwb Aber.

Injan torri gwair Jenson Button, sydd gen i o hyd.

hynny, wrth gwrs, fe fydde un crys yn para tymor cyfan, sy'n eu gwneud nhw'n bethe prin. Nawr mae chwaraewyr yn cael crys newydd ar gyfer pob gêm. Fe wnaeth e hefyd fenthyca dros bymtheg cant o'i eitemau i'r Amgueddfa Bêl-droed Genedlaethol yn Preston, Llunden.

Ar gyfer cinio dathlu Clwb Pêl-droed Aberystwyth yn 125 oed yn 2009 fe lwyddodd Neville i gael Pele i arwyddo dau o grysau'r tîm. Yn ddiweddarach fe rafflwyd y crysau am arian mawr, ac fe aeth y cyfan i goffrau'r clwb.

Yn 2005 fe wnaeth e lwyddo i brynu casgliad o fedalau a gwahanol femorabilia eraill Swindod Town am bum mil o bunnau. Ond dyma Neville wedyn yn benthyca'r casgliad yn ôl i'r clwb i'w arddangos yn eu hamgueddfa.

Mae ef ei hun yn cefnogi Spurs. Un dydd yn Llunden fe aeth draw i White Hart Lane gyda'r bwriad o wylio gêm. Ond doedd dim tocynnau ar ôl. Ond roedd ei enw mor gyfarwydd i'r swyddogion fel iddo gael sedd yn y bocs gyda Chadeirydd y clwb, a chafodd eistedd wrth y prif fwrdd uwch pryd o fwyd wedi'r gêm. Yn eistedd wrth ei ymyl roedd Rheolwr tîm pêl-droed Lloegr ar y pryd, Sven Goran Erikson a'i gariad Nancy del Olio. Y cam nesaf oedd i Spurs ag yntau ddod at ei gilydd i drafod sefydlu amgueddfa o'i gasgliad sy'n ymwneud â'r clwb.

Mae e wedi prynu pob math ar memorabilia yn cynnwys un o fenig Muhammed Ali, a wisgodd wrth ymladd Joe Frazier, wedi ei harwyddo. Fe brynodd hefyd shorts Ali, wedi'i arwyddo. Mae gwerth pethe fel hyn yn codi o flwyddyn i flwyddyn.

Yr eitem mae e'n ei thrysori fwyaf yw'r bêl honno a ddefnyddiwyd yn rownd derfynol Cwpan y Byd yn 1930, a allai fod erbyn hyn yn werth tua hanner can mil o bunnau. Eitem werthfawr arall yw rhaglen gêm derfynol Cwpan Cymdeithas Bêl-droed Lloegr 1937, pan enillodd Caerdydd

1 – 0 yn erbyn Arsenal. Mae e'n werth tua mil a hanner o bunnau heddiw

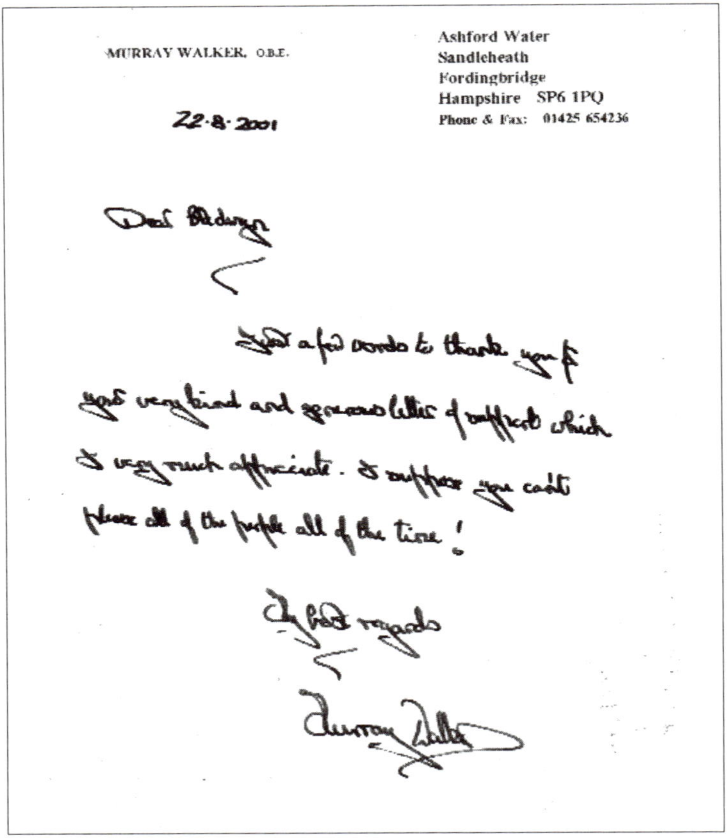

MURRAY WALKER, O.B.E.

Ashford Water
Sandleheath
Fordingbridge
Hampshire SP6 1PQ
Phone & Fax: 01425 654236

22·8·2001

Dear Bleddyn

Just a few words to thank you for your very kind and generous letter of support which I very much appreciate. I suppose you can't please all of the people all of the time!

My best regards

Murray Walker

Llythyr oddi wrth Murray Walker yn diolch i mi am fy nghefnogaeth.

Symud eto

O'r ail safle ar Stryd Cambrian, ar y 4ydd Ionawr 1992 fe symudodd y busnes i hen safle garej West Wales rhwng yr hen ysbyty a hen safle Capel Seilo. Fe fu hi'n frwydr hir i brynu'r lle, yn wir fe gymerodd flwyddyn i gwblhau'r trafod a'r brwydro am ganiatâd. I bob pwrpas rown i wedi prynu'r lle, ac wedi symud rhai nwyddau i mewn. Y pris oedd y broblem fwyaf. Roedden ni wedi setlo ar bris yr adeilad ond roedd y gwerthwr am bris uwch, gan gynnwys popeth oedd yn y garej. Doedd hynny'n dda i ddim i fi. Doedd y ramp ddim yn gweithio, a'r cyfrifiaduron ddim yn dda i ddim. Fe aeth pethe mor bell â'r Uchel Lys yn Llunden, ac fe barhaodd y trafodaethau hynny yn unig naw mis. Petawn i wedi colli, fe fydde wedi costio ffortiwn i fi. Yna, o'r diwedd fe gawson ni ganiatâd i fwrw ymlaen â'r cynllun.

Erbyn hyn, *Cambrian Tyres* oedd y cwmni mwyaf o'i fath yng ngwledydd Prydain. Fe fu'r agoriad yn ddigwyddiad mawr. Roedd dau fand yn chwarae yno. Yno hefyd roedd Russell Inge, pencampwr Prydain mewn rasio motor-beic a seidcar ar borfa. Fe ddaeth â'i feic rasio *Wasp FZR 1,000* gyda ef, beic gwerth £14,000. Roedd yno arddangosfa hefyd o feics a cheir clasurol, nifer ohonyn nhw'n berchen i fi.

Canolbwynt yr arddangosfa oedd car rasio 3000 un sedd, y car *Peugeot 504* buddugol a yrrwyd gan Mark Thatcher yn Rali Dakar – Paris yn 1985 pan aeth e ar goll am wythnos. Roedd ei deiers wedi eu defnyddio yn Grand Prix Fformiwla 1 Sbaen yn 1991, gyda Gugelmia'n ei yrru. Yno hefyd roedd replica o *MG TD,* a hwnnw'n gweithio. Fe lwyddais hefyd i gael model o fotor-beic MV Augusta wedi dod yr holl ffordd o'r Eidal. Yn ogystal roedd yno fotor-beic *Greeves,* yr union un a ddefnyddiwyd gan Bill Gwynne o Aberteifi.

Roedd gen i yno hefyd *Sunbeam 300* o 1926. Mae hwnnw gen i o hyd. Yno hefyd roedd fy *Vincent 1,000 Rapide*, y *Meteor 605*, a hyd yn oed y *Black Shadow*. Roedd yno *Ariel Twin Port*, yr unig un o'i fath yn y byd a *Velocette Viper 350* o'r dyddiau pan mai motor-beics Prydain oedd yn rheoli. Yno'n ogystal roedd *Norton 99 Denominator* a *BSA Star*, yr union feic a rasiodd unwaith yn Ras Tlws TT Ynys Manaw.

Roedd Brian a Neville erbyn hyn yn bartneriaid llawn, a'r ddau wedi eu magu i werthfawrogi motor-beics. Roedd Brian yn yr 80au wedi troi o endiwro at rasio ffordd fawr, a bu'n rasio ar gwrs enwog Donnington. Yno llwyddodd i guro'r pencampwr Prydeinig Bob Orme gan ennill beic *Yamaha 350 LC* i'w gadw am dymor. Ef hefyd oedd pencampwr rasio ffordd 125/250 CC Cymru y *Cambrian News*.

Glynodd Neville wrth y rasio endiwro, a phan oedd e'n rasio yn Donnington, sylweddolodd yr anhawster o ganfod y math iawn o deier ar gyfer gwahanol adegau, a'r anhawster hefyd o brynu'r rheiny am brisiau call. Aeth ati i ymchwilio i'r posibilrwydd o fewnforio teiers a'u dosbarthu. Hyn wnaeth arwain *Cambrian Tyres* i ddringo i frig rhestr gwerthwyr teiers motor-beics ym Mhrydain.

Y meibion, felly fu'n gyfrifol am weld y cyfle i ddatblygu gwerthiant teiers motor-beic. Fe ddechreuon ni gyda theiers beics moto cross ac yna troi at deiers ffordd. Fe gychwynnodd y cyfan drwy osod hysbyseb bychan yn *Trials and Motor Cross News*. Ac o hynny fe dyfodd y busnes archebu drwy'r post. Dyma, hwyrach, y foment pan wnaethon ni droi'r cornel. Yn ystod y deng mlynedd diwetha fe dyfodd yr ochr honno o'r busnes yn aruthrol. Ond ym maes teiers beics mae'r cynnydd mwyaf wedi digwydd.

Ddim ond gyda fi, yn gyntaf gyda *Cambrian Auto Care* ac

yna gyda *Cambrian Tyres* mae'r ddau fab wedi bod erioed. Mae Neville hefyd yn rhedeg ei fusnes casglu dillad ac offer pêl-droed ar wahân.

Fe wnaethon ni gychwyn gwasanaeth unigryw o sicrhau cyflenwi teiers *Bridgestone* a *Continental* i'n cwsmeriaid erbyn y bore wedi'r archeb. Drwy addo hynny, fe wnaethon ni osod her i ni'n hunain. Ry'n ni'n cyflenwi pob un o'r saith prif gwmnïau sef *Avon, Dunlop, Metzeler, Michelin* a *Pirelli* yn ogystal â *Continental* a *Bridgestone*. Ein harwyddair ni yw: Os nad yw'r teier o'ch dewis gyda ni, yna dyw e ddim yn bodoli. Mae hynna'n llythrennol wir. Ry'n ni'n addo y gwnawn ni fedru canfod unrhyw deier sy'n bodoli i'n cwsmeriaid.

Adeg Rhyfel y Gwlff, aton ni y daeth arbenigwyr y Swyddfa Ryfel i archebu teiers addas ar gyfer cerbydau oedd yn teithio ar dywod. Mae yna nifer o enghreifftiau o bobl yn dod aton ni am gyngor ac am archebion anarferol, a ninnau'n llwyddo i'w bodloni. Er enghraifft, roedd gen i ffrind yn byw yn Ne Affrica, Dai Martin a oedd yn beilot ar awyrennau cario nwyddau. Roedd ganddo fe ffrind, Steve Rost oedd hefyd yn beilot a hefyd yn rasio motor-beics dragster, ac wedi dod mor bell â'r rownd derfynol. Ond doedd ganddo fe ddim teiers addas ar gyfer ei *Simba Honda Dragster*. Yr unig gwmni a wyddai amdanynt oedd yn cyflenwi teiers addas oedd *Wolf*, ond doedd rhif ffôn rheiny ddim yn y cyfeiriadur. Felly fe ffoniodd e ni. Fe lwyddais i ffeindio manylion cwmni *Wolf*. Y bore wedyn roedd y teiers oedd Rost eu hangen ym Maes Awyr Heathrow yn barod i'w hedfan i Dde Affrica. Ac fe aeth Rost ymlaen i ennill y bencampwriaeth.

Teiers *Continental*, ynghyd â *Bridgestone* erbyn hyn yw'r rhai mwyaf poblogaidd yn y byd ar gyfer ceir a motor-beics. Mae un o bob pedwar o holl geir newydd Ewrop, yn cynnwys *BMW* a *Volvo* yn cael eu ffitio â theiers *Continental* yn ogystal â hanner cant o wahanol fathau o fotor-beics.

Steve Rost ar ei Honda Dragster. Torrodd record byd ar ein teiers ni.

Sefydlwyd y cwmni Almaenig yn 1871, a dim ond ni sydd â'r hawl i'w cyflenwi nhw yng ngwledydd Prydain. Hynny yw, mae pob teier ar bob motor-beic neu feic sy'n defnyddio *Continetal* wedi dod oddi wrthon ni yn Aberystwyth.

Nid y gwasanaeth yn unig sy'n bwysig. Mae angen i'r ganolfan ymddangos yn atyniadol i'r cwsmer. Pan ymwelodd Jim Reynolds o'r cylchgrawn *MCD (Motor Cycle Dealer)* â ni yn 1998, ni allai gredu ei lygaid pan welodd, ar y cwrt y tu allan, ddau fotor-beic *Honda Africa* a oedd yn berchen i aelodau o'r staff. A phan sylweddolodd e faint y storfa, gyda 52,000 troedfedd sgwâr o le yn llawn dop o deiers, fe gafodd syndod o'r mwyaf. Pan mae'r stoc yn llawn mae ganddon ni tua 220,000 o deiers, rhai motor-beics gan fwyaf. Ar ben hynny mae ganddon ni ddwy storfa 300,000 troedfedd sgwâr y tu allan i'r dref.

Rwy wedi credu o'r dechre mai cyfrinach busnes da yw plesio'r cwsmeriaid, a gwneud hynny gyda gwên. Ac mae hynny'n nodweddiadol o *Cambrian Tyres,* sydd wedi codi o fod yn fusnes un dyn i un sy'n cyflogi 37. Mae wyth o'r staff yn ateb archebion ffôn yn unig. Mae yna dair o ferched sy'n gwneud dim byd ond cadw'r llyfrau cownt. Mae yna dros bymtheg i gyd sy'n gwneud y gwaith papur. Mae'r gweddill yn paratoi cyflenwadau i'w danfon bant neu'n newid teiers ar y safle.

Bob dydd bydd lori gymalog yn gadael â llwyth o deiers i rywle neu'i gilydd. O'n canolfan ni maen nhw'n mynd i Gaerwrangon. Mae'n gwasanaeth unigryw ni o gyflenwi erbyn y diwrnod wedyn yn golygu bod pob teier yn cyrraedd pen ei daith erbyn canol dydd. Mewn wythnos gyffredin fe fyddwn ni'n symud allan rhwng wyth a deg mil o deiers motor-beics yn unig. Ac o ran teiers beics, fe wnaethon ni yn ystod 2010 symud allan hanner miliwn. Mae *Halfords* yn unig yn derbyn rhwng mil a dwy fil ar y tro bob wythnos. Mae gwerthiant teiers beics wedi saethu fyny yn ystod y pum mlynedd diwetha. Dyna i chi gwmni *Madison* wedyn, sy'n gwerthu cydrannau ar gyfer beics. O'i gychwyn yn 1977 mewn siop fach yng ngogledd orllewin Llunden mae e bellach y cwmni gwerthu cydrannau beics mwyaf ym Mhrydain. A ni sy'n cyflenwi teiers *Continental* i'r rheiny yn ogystal ag i *Jim Walker*.

Sicrhau masnachfraint *Continental* fu'r cam pwysicaf yn hanes llwyddiant *Cambrian Tyres*. Maen nhw'r ail gwmni mwyaf eu gwerthiant drwy Brydain a'r Cyfandir, yn ail i *Bridgestone* yn unig. A dim ond ni gaiff eu dosbarthu.

Ein cyfrinach ni, fe dybiaf fi yw bod ganddon ni arbenigwyr teiers sydd gyda'r gorau yn y byd. Yn wir, fe alla'i ddweud nad oes gan unrhyw gwmni cyflenwi teiers arall yn y byd y fath arbenigrwydd. Ac fe fydd pawb yn cael yr un sylw, o berchennog un car i berchennog fflyd o faniau neu loris.

Ni yw mewnforwyr swyddogol *Bridgestone* a *Continental* ers 1990. Ers hynny, fe wnaethon ni yn ein blwyddyn gyntaf dreblu ein gwerthiant, ac mae hynny wedi cynyddu bob blwyddyn. Erbyn hyn ry'n ni'n symud i fyny at chwarter miliwn o deiers y flwyddyn.

Mae'n anodd credu, ond bydd lori gymalog – dwy weithiau – yn cyrraedd yma bob dydd yn cario tua dwy fil o deiers yr un ac un arall yn mynd allan â llwyth i'w ddosbarthu. Ar wahân i ddibynnu ar gwmni *TNT* i gludo llwythi i Abertawe mae ganddon ni bum fan *Mercedes* ein hunain. Bydd rheiny'n cario rhwng trigain a chant yr un, dibynnu pun ai teiers ceir, motor-beics neu feics ydyn nhw. Yn yr haf, pan mae hi'n brysur, fe fyddwn ni'n symud allan ddeng mil o deiers bob wythnos. Bydd tua dwy fil o deiers beics yn mynd allan bob wythnos.

Mae ganddon ni gytundeb gyda chwmni *TNT* ar gyfer cludiant. Yn ddiddorol iawn, dyn o ardal y Drenewydd oedd y bachan a gychwynnodd *Thomas National Transport*, y cwmni cludiant mwyaf yn y byd ar un adeg. Mae gan y cwmni dair mil a hanner o loris ym Mhrydain ac Iwerddon ar hyn o bryd. Ar un adeg, *Amtrak* oedd yn cludo teiers i ni.

Ry'n ni wedi bod â phresenoldeb ar hyd y blynyddoedd hefyd mewn gwahanol sioeau masnach mewn canolfannau fel y *Crystal Palace* yn Llunden a'r *NEC* ger Birmingham. Mae'n costio'n ddrud i gael presenoldeb, ond mae'n rhaid gwneud hyn yn achlysurol er mwyn cyhoeddusrwydd.

I'r fasnach fyddwn ni'n gwerthu bron i gyd, i gwsmeriaid sydd eu hunain yn gwerthu ymlaen. Mae ganddon ni tua thair mil o gwsmeriaid masnachol sefydlog sy'n derbyn ein catalog blynyddol, hwnnw'n cynnwys cannoedd o deiers o wahanol ansawdd, maint a phris. Bydd darpar gwsmeriaid yn cysylltu â ni naill ai dros y ffôn neu ar y we, lle mae ganddon ni safle modern a chyfansawdd. Bydd cwsmeriaid unigol, hefyd, yn galw'n bersonol gyda ni.

Roedd y safle newydd yn berffaith, digon o le y tu blaen, mwy o le ar gyfer swyddfeydd a digon o le hefyd ar gyfer pedwar bae i geir gael eu trin a'u trafod ar yr un pryd. Rhan fechan iawn o'r gwaith yw hynny. Ond dyna ran o'n cyfrinach ni. Ry'n ni'n fodlon plesio pawb, o gwmnïau gwerthu mawr i gwsmeriaid unigol. Rhan fach iawn o'r gwaith yw gwerthu i gwsmeriaid unigol. Fe all gymryd deg munud i werthu un teier i gwsmer dros y ffôn. Yn ystod yr un cyfnod, gallwn werthu hanner cant i dderbynwyr

Un o'r bechgyn wrthi'n newid teier yn ein canolfan bresennol.

masnachol.

Yn ystod y deugain mlynedd rwy wedi bod wrthi, fe welais i newid mawr yn y dechneg o newid teiers. Diolch i'r offer diweddaraf, mae modd newid set gyfan o deiers heddiw mewn ugain munud. Nôl ar ddechrau'r saithdegau fe allai gymryd i fyny at awr. Erbyn hyn hefyd ry'n ni'n troi ein llaw at egsôsts a brêcs.

Mae'r dyfodol yn olau. Mewn arolwg o'r 300 o'r cwmnïau cyfyngedig mwyaf llwyddiannus eu gwerthiant yng Nghymru yn y *Western Mail* ar ddiwedd 2010, dim ond tri chwmni o Geredigion oedd ar y rhestr, gyda *Cambrian Tyres* ar y brig, o flaen *Rachel's Dairy* a Cheir Cawdor. Roedden nhw'n cymryd i ystyriaeth nifer y staff, y trosiant a maint yr elw. Yn 2009, ni oedd y cwmni uchaf ei werthiant o deiers motor-beics yn Ewrop gyfan. Roedd erthygl mewn cylchgrawn beics yn ddiweddar yn rhestru enwau'r dwsin o fasnachwyr beics uchaf ym Mhrydain. Ni oedd yn cyflenwi teiers i'r deg uchaf o'r deuddeg. Y llynedd, ni oedd y cwmni uchaf o'i fath yn Ewrop.

Ymhen tua deg mlynedd ar ôl symud fe fu'n rhaid i ni ehangu. Fe wnaethon ni wario'n drwm ar ehangu swyddfeydd ar gyfer y clercod oedd yng ngofal yr archebion. Ac yn ei blaen, ac ar i fyny yr aeth pethe o flwyddyn i flwyddyn. O drosiant o tua dwy fil y flwyddyn pan agorais i yn 1971, roedd e wedi codi i dair miliwn ar hugain dair blynedd yn ôl. Erbyn hyn mae e wedi codi i wyth miliwn ar hugain. O'r dechrau rwy wedi penderfynu aros yn gwmni cyfyngedig, sy'n golygu fod y llyfrau yn agored i unrhyw un sydd am wybodaeth. I gwmni fel ni mae yna fantais hefyd o ran talu treth incwm. Wrth gwrs, fel mae'r trosiant yn codi, mae'r costau hefyd yn codi.

Y gyfrinach o ran *Cambrian Tyres* yw ein bod ni wedi edrych ar ôl ein cyfalaf heb dynnu arian allan yn fyrbwyll. Rwy'n cofio unwaith gorfod talu 21 y cant am fenthyca arian. Fe fu'n ddeunaw y cant am flynyddoedd. Ond wnes i ddim erioed fethu ag ad-dalu dyled i'r banc. Yn ystod y deugain mlynedd y bues i mewn busnes, ches i ddim erioed fy ngalw i mewn gan y banc. Wnes i ddim erioed fynd i'r banc â datganiadau ariannol y flwyddyn yn hwyr.

Cyfrinach arall llwyddiant *Cambrian Tyres* yw effeithlonrwydd. Pan mae pobol yn archebu teiers, maen nhw am eu cael nhw fory, nid wythnos i fory. Diddordeb y ddau fab mewn gwahanol ddulliau o rasio motor-beics wnaeth ein harwain ni i'r maes hwnnw'n arbennig. Fe wnaethon ni ddechrau gyda theiers *MotoCross*. Wedyn fe aethon ni mewn i werthu teiers ffordd. Ac erbyn hyn, beth sydd wedi tyfu'n aruthrol yw teiers beics. Mae gwerthiant rheiny wedi saethu i fyny.

Mae teiers cerbydau fferm yn rhan o'n busnes ni. Ond ddim cymaint â'r disgwyl. Fyddwn ni, er enghraifft, ddim yn gwerthu llawer o deiers tractors. Mae ffermwyr yn dueddol o brynu tractor newydd bob deng mlynedd, ac mae teiers tractor yn para am flynyddoedd. Mae hi'n wahanol mewn

Cyfran fach o'r stoc sydd gyda ni mewn llaw bob amser.

ardaloedd fel Henffordd, lle mae ffermwyr yn gorfod gyrru milltiroedd bob dydd ar y ffordd fawr. Dydi ffermwyr yr ardal hon ddim yn gyrru rhyw lawer ar y ffyrdd, felly dyw'r teiers ddim yn treulio gymaint.

Fel pob cwmni, ry'n ni, dros y blynyddoedd, wedi dioddef o dwyll. Roedd gen i bolisi syml. Byddwn yn arddangos unrhyw siec oedd yn dod nôl o'r banc ar wal y swyddfa. Fe fyddai ein cwsmeriaid wedyn yn gweld pwy oedd y twyllwyr. Roedd e'n ddull o godi cywilydd arnyn nhw. Fe fedrwn i enwi un cwsmer nawr oedd â thair siec ar y wal.

Nawr fy mod i wedi ymddeol, rwy'n hapus wrth weld y meibion wrth yr awenau. Ac mae'r olyniaeth yn parhau. Kylie, merch Brian yw'r prif reolwr erbyn hyn. Fe wnaeth hi astudio busnes yn y Brifysgol gan ennill gradd yn y pwnc. Fe wnaeth hi weithio am flwyddyn gyda chwmni o gyfreithwyr yng Nghaerdydd, ond fe ddaeth y swydd i ben. Fy mwriad i oedd gweithio ymlaen nes own i'n 85. Ond yn 78 oed fe wnes i gymryd ymddeoliad cynnar!

Roedd fy niwrnod olaf yn un anodd iawn. Rown i wedi bod yn rhan o'r fenter ers ymron ddeugain mlynedd gan roi fy amser i gyd i'r cwmni. Dim ond dau ddiwrnod o waith wnes i golli erioed. Dydw i ddim erioed wedi bod dan annwyd na ffliw. Yr unig amser hamdden oedd ambell i ymweliad â Grand Prix yma ac acw. Dyna fu fy ngwyliau bob blwyddyn. Doedd gen i ddim hobi arall. Mae'r un peth yn wir am y bechgyn. Roedden nhw'n gweithio o leiaf ddeuddeg awr y dydd, ac yn dal i wneud hynny. Hyd yn oed nawr mae'r busnes ar fy meddwl i byth a hefyd. Ond rwy wedi bod yn ffodus. Am ddeugain mlynedd fe gefais i'r rhyddid i wneud yr hyn own i'n hoffi ei wneud. Mae'r fenter, o'r dechre, wedi bod yn waith ac yn bleser i fi. Ond pan gerddais i allan ar fy niwrnod olaf, fe wnes i golli dagrau, yr unig dro i fi wneud hynny erioed.

Penderfyniad sydyn oedd gadael. Fe ddigwyddodd y cyfan o fewn un wythnos ym mis Mai 2010. A phan gerddais i mas am bedwar o'r gloch ar fy niwrnod olaf, fe wnes i hynny'n dawel. Fedrwn i ddim wynebu neb. Doedd gen i ddim digon o ddewrder i wynebu pawb a ffarwelio. Fe fu'r peth yn pwyso gymaint arna'i dros yr wythnosau nesaf, fe gollais i stôn mewn pwysau. Yna, wedi bod yn segur am ychydig fisoedd fe ddechreuais i wneud ambell jobyn o gwmpas y tŷ. A dw'i ddim wedi edrych nôl.

Mae'r fenter wedi bod yn fwy na busnes. Pan fyddai cwsmer yn galw fe âi'n sgwrs ac yn dynnu coes. Roedd y lle yn fan cyfarfod, fel oedd siop y pentre, gweithdy'r crydd a'r efail gynt. Oedd, roedd hi'n llawer mwy na busnes. Roedd hi'n ffordd o fyw. Rwy wedi gwneud cannoedd o ffrindiau. Os wnâ i fynd allan am dro ar ddydd Sul, a bwriadu mynd i ben draw'r Prom, wnâ i byth lwyddo i gyrraedd pen y daith. Fe fydd rhywun, o hyd ac o hyd, yn stopio am sgwrs.

Mae busnesau wedi dod ac wedi mynd yn Aberystwyth dros y deugain mlynedd y bûm i mewn busnes. Rwy'n cofio un ar ddeg garej yn y dre. Roedd pump o fewn tafliad carreg i'w gilydd, *West Wales,* lle mae'n busnes ni, *Northgate Garage, Gwalia, Hinton Jones* a *Lowndes.* Wedyn roedd *Daniels, Primrose, Nelsons* a garej Trefechan. Ar ben hynny roedd garej gan Jack Jones, *Clifton Garage* lle'r oedd e'n tendio'i loris, ac roedd mecanics yn arfer bod yn garej bysus *Crosville.* Yr unig garej sydd ar ôl bellach yw garej y *Talbot,* garej *Hinton Jones,* mae'n debyg oedd un o'r rhai hynaf. Fe fuodd siarabangs yn mynd ar deithiau oddi yno. Gyda mwy a mwy o gerbydau ar y ffordd bob blwyddyn, fe allech feddwl y byddai nifer garejis yn cynyddu. Ond na, fel arall mae hi.

Ydyn, ry'n ni wedi llwyddo. Mae pregeth Mam-gu gynt ar y pwysigrwydd o gynilo arian wedi talu ar ei ganfed. Ond ry'n ni wedi gweithio'n galed hefyd, ac yn dal i wneud hynny. O ganlyniad mae pob blwyddyn wedi rhagori ar y flwyddyn o'i blaen. Fe welson ni gynnydd blynyddol heb unrhyw eithriad. Ry'n ni wedi para, ac wedi cynyddu tra bod cwmnïau eraill wedi cwtogi neu wedi cau. Mae *ATS,* er enghraifft, wedi cau pedwar ugain o'u canghennau.

Erbyn hyn rwy'n falch i fi roi'r ffidil yn y to. Fe wnes i brynu *Volkswagen Motorhome* a mynd yma ac acw ynddi gyda'r wraig. Mae ynddi le i ddau gysgu, mae teledu lloeren ynddi. Fe fyddai'n mynd â llwyth o recordiau Cymraeg, Gwyddelig a chanu gwlad gyda fi. Beth arall sydd ei angen? Fe fyddwn ni'n mynd i'r Swistir, Awstria, Iwerddon, ble bynnag a phryd bynnag y daw'r awydd. Ac erbyn hyn rwy'n difaru na wnes i roi'r gorau iddi'n gynharach. Mae gen i gynlluniau nawr i fynd i'r Iseldiroedd, Denmarc a Norwy. Cyn hynny mae Blackpool a Killarney wedi eu trefnu.

Un o'r gwledydd fyddai'n hoff iawn mynd iddi yw'r Swistir. Roedd gen i fodryb yn byw yn Lucerne. Nôl yn 1949 fe wnes i ag Wncwl Ernest fynd draw yno i'w gweld hi. Roedd hi a'i gŵr Walter yn rhedeg cwmni gwerthu diodydd ac ar fin rhoi'r gorau i'r busnes. Fe fuon nhw'n pwyso ar Ernest a finne i ddod draw i redeg y busnes ar eu rhan. Gwrthod wnaethon ni. Ond fe gawson ni'n temtio'n fawr i wneud hynny. Rwy'n dyfalu'n aml pa ffordd fydde fy mywyd i wedi troi petawn i wedi derbyn y cynnig? Does neb a ŵyr.

Ond mae gen i un fantais fawr. Ble bynnag wnâ i deithio yn y *Volkswagen* yn ystod y blynyddoedd sy'n weddill, fe wnâi hynny ar fy nheiers fy hunan, a hynny ar hyd ffyrdd o'm dewis fy hunan.

Caelloi Cymru

Rhiannon:
troi crefft yn fusnes yng nghefn gwlad Ceredigion

Caelloi Cymru:
cwmni bysys moethus o Lŷn sy' n ddolen rhwng Cymru ac Ewrop

Ysgol Glanaethwy:
datblygu dawn yn broffesiynol a llwyddo ar lwyfan byd

Teiers Cambrian:
cwmni o Aberystwyth sydd wedi tyfu i fod yn asiantaeth deiers mwyaf gwledydd Prydain